# 南苑御制诗

中共北京市大兴区委宣传部　天津大学建筑学院　编

国家图书馆出版社

**图书在版编目（C I P）数据**

南苑御制诗 / 中共北京市大兴区委宣传部，天津大学建筑学院编 . — 北京：国家图书馆出版社，2023.09（南海子历史文化系列丛书）

ISBN 978-7-5013-7110-5

Ⅰ . ①南…　Ⅱ . ①中…②天…　Ⅲ . ①大兴区－地方史－史料②古典诗歌－诗集－中国－清代　Ⅳ . ① K291.3 ② I222.749

中国版本图书馆 CIP 数据核字 (2020) 第 224686 号

**书　　名**　南苑御制诗
**著　　者**　中共北京市大兴区委宣传部　天津大学建筑学院　编
**责任编辑**　陈　卓
**装帧设计**　北京麒麟轩文化发展有限公司

---

**出版发行**　国家图书馆出版社（北京市西城区文津街 7 号　100034）
（原书目文献出版社　北京图书馆出版社）
010 - 66114536　63802249　nlcpress@nlc.cn（邮购）
**网　　址**　http://www.nlcpress.com
**印　　装**　北京金康利印刷有限公司
**版次印次**　2023 年 9 月第 1 版　2023 年 9 月第 1 次印刷

---

**开　　本**　710×1000　1/16
**印　　张**　23
**书　　号**　ISBN 978-7-5013-7110-5
**定　　价**　180.00 元

---

# 前言

南海子，清代亦称南苑，位于北京城南，占地二百余平方千米，是明清时期北京地区规模最大的皇家园林，也是清代皇家园林体系的重要组成部分。

回溯南海子源远流长的历史，早在辽金时期这里就是帝王围猎之地。元代，南海子一带设下马飞放泊，是毗邻元大都的皇家猎场，世居草原的蒙古贵族在此挽弓射雁、纵马驰骋。明代永乐皇帝迁都北京，改建下马飞放泊，筑起垣墙，始称南海子。明代商喜《明宣宗行乐图》描绘了宣德皇帝出行游猎的场面，出宫苑入林郊，丘壑纵横，溪水潺潺，树茂花繁，飞鸟走兽成双结对的场景就是明初南海子景致的真实写照。清军入关后，顺治皇帝下令重修南海子，改称南苑，辟为讲武之地，南苑自此成为名副其实的皇家苑囿。

苑囿起源于先秦、两汉时期，多依傍湿地营建，兼具物质生产及生态资源保护功能，体现出古代杰出的生态智慧，是博大精深的中国古典园林文化之起源。南海子位于北京小平原南部的南潜水溢出带上，随着古永定河道的摆动，这里形成了一片水草丰美、湖泊密布的湿地，这片湿地就是南海子营建的生态环境基础。南海子依托湿地资源，建立与都城共生的皇家苑囿，传承以自然生态为主的古代苑囿模式，继承和发展了中国古代园林建设的生态智慧。在保护生态和物种多样性的前提下，南海子的营建改善了自然环境，协助北京城抵御自然灾害，承担了养源、清流、济运、蓄洪、均沙的综合水利功能，以丰沛的水源保证了京城生命线——京杭大运河的通畅无阻。作为北京运河文化带上的明珠，南海子是当之无愧的！

清代初期，南海子是紫禁城外第一个政治副中心，大量的政治、外交、礼佛、祭祀、军事演练等活动都在这里进行。在三山五园经营之前，南苑是皇帝政治生活的重要据点。五世达赖喇嘛首次进京朝见顺治皇帝，即在南苑举行会晤。至康乾盛世，南海子进入营建的全盛时期，逐渐具备物质生产、资源储备、狩猎、阅兵、驻跸、游憩等多重功能，堪称中国古代皇家苑囿的集大成者。晚清时期，由于国力渐衰，南苑承担的重大庆典仪式逐渐减少，但仍是朝廷重要的驻军基地，醇亲王奕譞掌管的神机营就于南海子驻军。

南海子地处京城与京南御道的节点位置，堪称清代行宫体系的咽喉。康熙朝时，南海子的咽喉作用初露端倪，《康熙南巡图》特别绘制有皇帝仪仗在南海子北红门列队迎驾的场景。至清代巡幸活动最为鼎盛的乾隆朝，南海子遂成为使用最频繁的出发或回銮驻跸地点。另外，在康熙年间，以南海子为测量起点所进行的一系列地图测绘活动，形成了康熙营造尺，并最终影响了世界度量衡制度。康熙五十七年（一七一八）完成的《直隶全图》是当时全世界最大规模，也是最先进的地图之一，南海子的水系在该图中也有精确描绘。

清代皇帝驾幸南海子，留下数百篇吟咏南苑的御制诗作。清朝末年，在内忧外患之际，清政府下令放垦南苑，一代皇家苑囿至此凋敝。如今，我们只能从清代皇帝吟咏南海子的御制诗作中，回首古苑宸迹，再观南囿风景。

本书在整理时，对每位皇帝吟咏南海子的诗作，均标注了作诗的年份，如康熙十七年（一六七八）的《月》，即为康熙皇帝玄烨于康熙十七年所作。部分诗作，乃是某位皇帝即位前或退位后所作，如嘉庆皇帝曾在乾隆四十一年（一七七六）作《出北红门》、乾隆皇帝曾在嘉庆元年（一七九六）作《团河行宫作》等，我们将这些诗作也收入本书，但以『乾隆四十一年（一七七六）颙琰』『嘉庆元年（一七九六）弘历』的形式加以标注，以示区分。

由于编者能力有限，本书在整理过程中，难免会出现疏漏。所有这些，还望读者不吝赐教，以期改正。

编者

二〇二一年七月

# 目录

## 南苑风景

### 杂咏

双柳树

## 晾鹰台



# 南苑行宫

## 杂咏



## 新衙门行宫

团河行宫

## 南苑寺庙

### 德寿寺

## 元灵宫

永慕寺



阅武行围

## 节庆宴饮



## 园居理政

# 南苑风景

## 杂咏

### 月 康熙十七年（一六七八）

影送楼台照水明，金波荡漾远含清。西山色净云初散，南苑风和令正行。

### 南苑晚景 康熙十七年（一六七八）

薰风南苑翠斿回，处处连云暮色催。夜火辉煌盈帐幕，离宫长待万几来。

### 南苑桥上大风 康熙十七年（一六七八）

南苑霜华点翠旗，严风腊月断流澌。已知朔气催寒尽，桥跨长虹涌溜迟。

### 南苑 康熙二十二年（一六八三）

十里郊南路，红门启上林。岁时蒐狩礼，畎亩豫游心。

羽仗连花影，帷宫接柳阴。凤城回首望，缥缈五云深。

## 季冬南苑十首 康熙四十三年（一七〇四）

其一

銮舆出禁门，前队已临苑。威德如风行，感恩似草偃。

其二

麦丛还待雪，苑静那堪风。平野无尘迹，寒条远近同。

其三

讲武不忘威，劳农亦预知。回看止辇处，尽是岁寒枝。

其四

武职皆熊貔，没羽穿杨力。所向任干城，挽强视道德。

其五

三驱一面网，雉兔正堪肥。弦响无虚落，日暮即收围。

其六

骥德鄙千里，飞黄汗血传。临风嘶远路，踏雪意贞坚。

其七

赤精长耳速，撮兽搽麋鹿。迅捷欺飞腾，恋主犬为独。

其八

雄飞耻燕雀，受继志凌云。阔臆惊禽鸟，鹰扬冠不群。

其九

罢猎归鞍早，乐施命大官。分餐不畏冷，只恐夜间寒。

其十

离宫乙夜静，堪将岁月除。悬灯览奏折，终始复如初。

## 南苑晚雪 康熙四十三年（一七〇四）

七月伤多雨，三冬少问天。晴开逾至日，云作近新年。

腊雪宜岐麦，银花润早田。心劳催短鬓，忧乐验谁先。

## 柳絮 康熙五十三年（一七一四）

御苑春将尽，和风鼓物生。芸窗来淑气，丹陛奏清声。

眠柳垂青琐，流莺啭碧泓。沾泥非有意，高下点蓬瀛。

## 暮春杂咏

雍正七年（一七二九）

其一

春云澹荡满平湖，渺渺烟波接绿芜。芳甸雨过花竞笑，画桥风起柳相扶。
莺歌鸟语天然曲，水秀山清自在图。胜景已超尘世界，何须驾海访蓬壶。

其二

炉烟袅袅拂帘栊，太液波澄晓镜融。卜岁喜看三月雨，惜春深坐百花风。
红尘不到黄金阙，香雾时遮碧玉宫。对此上林光景好，清平愿与万方同。

## 南苑雨中即景

雍正十二年（一七三四）弘历

萧萧绿槐枝，彻夜滴疏响。檐头唤晓频，野雀三与两。
闲从阁道行，金风透飒爽。含润草犹芊，凌寒菊初放。
墙外马声嘶，悠然动遐想。

## 时巡近郊见西成有象喜而赋此

乾隆四年（一七三九）

缅怀春之暮，彼苍有旱意。忧心惄如焚，中夜望天赐。
赈恤发太仓，绸缪无不备。赋彼云汉诗，展转讵能寐。
好生天之心，一雨苏万类。苗者日以秀，秀者日以穗。
时巡届初冬，夙驾催六辔。盼兹场圃间，颇觉仓箱积。
千亩幸有获，二釜犹未遂。稍足慰吾心，尚未惬吾志。
吾志伊如何，教养非二事。即今比户间，岂尽知孝义。
披褐者农子，前驱莫诃避。疾苦当咨询，痌瘝予增愧。
汝饥谁之由，汝寒谁所致。赒赐出泉府，旬宣属官吏。
犹恐亿兆民，未尽沾实惠。际此薄有收，聊可酬望岁。
寄语为政者，丰年实为瑞。

## 咏盆中佛手

乾隆四年（一七三九）

一指天龙孰与俦，却教糟粕至今留。争如满树黄金相，移得江陵八月秋。

## 夜 乾隆四年（一七三九）

剪烛闲拈咏，离宫刻漏长。松鸣千古韵，月散一窗凉。
夜静几常敕，时和物小康。永言勤治理，民瘼敢轻忘？

## 秋日奉皇太后驾幸南苑即事八首 乾隆五年（一七四〇）

其一

岁荷天恩庆有秋，欣陪慈辇驾龙輶。如京畿甸风光好，万户欢声夹道周。

其二

虞人建帜甸人随，南苑秋清好猎时。阅武此来兼省敛，香风饼饵拂旌旗。

其三

万物熙和大造中，郊原辉映苑门红。承欢仰识慈颜豫，只为天恩锡屡丰。

其四

羽卫森翘出帝城，顺时清跸此巡行。金吾底事频传警，便欲周知闾巷情。

其五

十里秋光伯虎画，一鞭斜日晾鹰台。众中抡得穿杨手，琥珀光浓赐御杯。

其六

扈从长承爱日晖，五云高捧凤舆翚。问安户外亲调膳，手射郊原鹿正肥。

其七

离宫月影透书窗，法曲时闻画鼓摐。题柱吟余思往事，不知绛蜡炧银釭。

其八

从来稽古戒禽荒，宵旰勤劳敢刻忘？欢乐正饶还止辇，属车侍从有东方。

## 秋夜南苑行宫怀旧迭前韵

乾隆五年（一七四〇）

松菊迎人似有情，离宫月朗正秋清。旧题乍展怀重系，新句频拈兴转生。
吹籁疏林金气肃，透窗寒影玉钩明。倚吟惊破红尘梦，嘹呖天边雁字横。

## 咏盆中小菊

乾隆五年（一七四〇）

最爱东篱种，移陪净几芳。亚盆舒冷艳，擢秀先重阳。
辞圃霜羞傲，窥帘蝶任忙。花师能位置，偏称小松旁。

## 夜雨

乾隆五年（一七四〇）

淅沥声传三寸雨，琳琅韵响几枝桐。寒更欹枕浑难寐，念在茅檐蔀屋中。

## 桃叶落

乾隆五年（一七四〇）

芳园秋始半，众木森疏绕。绿阴正如滴，参差青未了。
拿舟寻桃溪，忽似三秋杪。叶落余枯枝，风动惊飞鸟。
荣悴一何殊，其理殊未晓。旁有一圃师，鄙言含至道。
云当三春时，此花开独早。

## 秋蝶 乾隆五年（一七四〇）

金风萧飒吹篱落，紫花蒙蒙抽蔓弱。何来双蝶弄午暄，栩栩深丛闲且乐。夜寒白露零秋英，芳菲徒忆三春荣。君不见千年鹤立青松顶，不逐春融耐秋冷。

## 郊外即事 乾隆五年（一七四〇）

三秋野景寥天迥，一抹斜阳晚照明。最是丰年饶气象，村村社鼓庆西成。霜落平原好合围，无心从兽玉鞭挥。爱观富有千村景，两字探原食与衣。郊圻犬吠杂鸡号，策马霜华点素袍。收获才完仍播麦，田家四季总勤劳。

## 田舍 乾隆五年（一七四〇）

田舍红门外，挥鞭日影斜。绕村流曲水，压架剩秋瓜。枷板寒敲圃，缫车夜绩麻。勤劬有余乐，官税早输衙。

## 绝句八首　乾隆五年（一七四〇）

其一

东望飏晴烟，西来雨阵悬。勒马看天色，阴晴会一川。

其二

野菊小于铃，家菊大于盌。今朝马上看，随分作清伴。

其三

棘刺牵人衣，剪棘衣裳破。不如驱青骢，远向平沙过。

其四

雨过溪声壮，风来树影摇。一群寒鸟乱，几个戏鱼跳。

其五

小径曲通村，秋壶挂短垣。熙熙皇古世，欲咏已忘言。

其六

野鸡啄枯草，偶罹网与罗。家鸡饱稻粱，鼎烹一何多。

其七

白露冷为霜，寒丛秋艳萎。溪岸转萧疏，剩有碧潭水。

其八

金风来西北，籁声响万窍。风收万籁无，谁识其中妙。

## 春宵月下有怀 乾隆七年（一七四二）

庭槐漏婵娟，扶疏散清影。露立春宇明，潜觉衣裳冷。
马嘶野牧空，鸟语深林静。陈迹忆旧游，旷怀对新境。
由来不曾隔，妙趣谁能领。

## 春夜南苑行宫即事迭前韵 乾隆七年（一七四二）

如驶年华过隙驰，离宫驻节仲春时。六飞巡幸乘韶令，万户饥寒待体知。
岂为吟诗忙里适，每因望治静中思。几余消得闲庭夜，弄影银蟾窗外移。

## 静夜思 乾隆七年（一七四二）

秋月入我牖，秋风拂我床。不作风月客，笑傲飞羽觞。
秋风拂我床，秋月入我牖。一室四海心，展转思量久。

## 瓶中桂 乾隆七年（一七四二）

辞林带余芬，篸瓶伴高咏。恍疑金粟界，色香皆清净。

## 夜 乾隆七年（一七四二）

画鼓摐笳吹，银蟾上井槐。夜凉云母帐，天迥斗杓魁。
雁带塞风至，人呼牧马来。几余何所事，旧简为重开。

## 晴 乾隆七年（一七四二）

疾雷殿雨殷其鸣，金风卷云去如征。须臾寥空悬晶日，树色山光相斗明。

多稼更喜秋阳曝，我非农人亦望晴。先忧后乐何时已，但觉乐少忧常盈。

## 静夜钟声 乾隆七年（一七四二）

画角掩旌门，松风静别殿。泠然来钟声，春容续复断。
不辨催谯楼，忽疑叩僧院。韵度竹添篔，音披月如练。
久破耳根禅，偶听聊复恋。

## 晓 乾隆七年（一七四二）

桂轮如水露如珠，景入秋晨别样殊。紫气亘川驰野马，红云拥岛上金乌。
写空北雁眠初起，弄影东枝翠相扶。最是伯驹工绘事，海天旭日早成图。

## 盆中水仙 乾隆九年（一七四四）

条风凡几番，都作催花使。花师更趱期，岂虑韶华逝。
绿窗净无尘，亚盆弄清媚。饶有琼麝飘，而无珠粉坠。

点缀列文石，玲珑玉仙醉。琅玕三五枝，潇洒从其类。
爱此十笏地，一段江南意。

## 咏花瓷书灯 乾隆九年（一七四四）

谁将大邑瓷，相并九华枝。继昼明为用，无尘静与宜。
消闲觅句际，伴影读书时。何必昭阳殿，徒夸金玉为。

## 草色 乾隆九年（一七四四）

春气渐昭苏，春原茁嫩芜。谁分远与近，须识有因无。
画意徐徐染，生机日日殊。贞元自消息，何用验芦莩。

## 老杏 乾隆九年（一七四四）

老杏芳菲歇，秃立虚堂襟。有怀不能语，因风时作吟。

百昌答青韶，竞此荏苒阴。亦开四五花，讵期觞管寻。
佳人立树旁，不忍摘而簪。脉脉惟自领，孰识其中心。

## 山桃花始开 乾隆九年（一七四四）

春风别院小徘徊，旖旎山桃识客来。二月轻寒犹料峭，墙隈已有数枝开。
绯枝宛宛写窗纱，春色重题兴转赊。自是东风无近远，御园应有满蹊霞。
近日催花信觉频，山桃都绽锦苞新。东风有意桃知否，例妒芳条占早春。
花香鸟语太昌昌，都为青韶着意忙。留得年年春色在，新诗几首一炉香。

## 老杏 乾隆十一年（一七四六）

去年我已负花期[一]，今岁花期遇闰迟。未许胭脂匀嫩蕊，还教冰雪压枯枝。
睹兹寂寞诚无赖，撷彼芳华知几时。最是前春吟赏地，重经搦管有余思。

原诗注：［一］旧岁未至南苑。

## 春晓 乾隆十一年（一七四六）

离宫奏铙吹，古树咔幽禽。其鸣虽不同，物物皆春音。
披衣晓气清，义府堪玩寻。岂以豫游故，而弛乾惕心。
朝晖上我窗，花椂迅流阴。稽古且匪且，勤政今斯今。

## 咏盆中水仙 乾隆十一年（一七四六）

斜临文石笑依梅，一室居然汉水隈。窗影新蟾姿更好，却疑丛下素姝来。
雪肌玉质只如然，漫道传神赖孟坚。设使女夷容借问，谁于卉里合称仙。
难辨江南江北春，信风一度一番新。维摩室里无堪着，朵朵天花自着身。
色香净处合天倪，恰喜清风潇洒之。留得前年春意在，绿窗银烛觅吟时。

## 对月 乾隆十一年（一七四六）

育魄始西宇，流辉届中天。弓轮渐引满，倏忽踰上弦。
悬琮白榆侧，耀锦银河边。虽过灯事佳，却盼花朝妍。

行宫多古树，漏影苍茫然。窗纸冰虚皎，垆篆萦纤穿。
青编将素席，一室俨昔年。

## 雪[一] 乾隆十三年（一七四八）

伊余有宿心，对雪无不喜。今岁已两逢，此复胜于彼。
恰在仲冬月，偶驻南海子。银甸致更佳，玉林花散蘤。
岂惟纵目欣，为惬祈年美。念我同心佐，率彼诸军士。
驱驰冒严寒，萦怀曷能已。

原诗注：［一］十一月初九日。

## 咏盆中温牡丹 乾隆十五年（一七五〇）

速较清和迟较腊[一]，圃师剪拂竞天工。谁云春色让凡卉，早见花王绽惠风。
绿藓铺盆欣映朵，黄蜂隔户讶迷丛。会看秾丽堂堂过，下策何须更火攻。

原诗注：［一］腊月亦有牡丹，故云。

## 上巳日作 乾隆十五年（一七五〇）

良辰南苑畅登临，婉娩青春即渐深。蛾月一痕刚挂汉，莺时几树欲笼阴。
悦怀诗境无边富，蓄眼韶光底用寻。猎罢佽飞陈马技[一]，聊征故事射华林。

原诗注：[一]是日偶观内府羽林立马伎。

## 膳榆钱饼 乾隆十五年（一七五〇）

汤官十字不须夸，榆荚登盘脆熨牙。未必八珍输此味，要将风物识农家。

## 微雨 乾隆十五年（一七五〇）

夜来渰渰浓云布，旋报霏微落甘澍。北方春雨殊艰致，总不虑多少是虑。
频迭方欣被沾润，终风乍听号古树。从未彷徨望泽虚，终惜蓬勃驱云去。
岂缘迩来太顺时，使予戒满慎侯度。

## 见耕者 乾隆十五年（一七五〇）

好雨让风晴，真教可惜生。清晨排猎骑，沃土见春耕。
犁起新泥润，布来嘉种盈。田功时尚早，稍以慰吾情。

## 春晓 乾隆十五年（一七五〇）

庭柯鸣曙禽，窗棂散晨景。晏眠夙所戒，平旦气方静。
春衣暂倚槛，花乳欣浇茗。停跸匪豫游，勤政同宫省。
借问奏书囊，几多待批省。

## 夜雨 乾隆十五年（一七五〇）

昨夜细雨霏，旋被风驱遣。入夕吹万停，又报轻云展。
欹枕听灯窗，廉纤续复断。无何风又作，不觉愁展转。
麦苗一律青，脉土滋坟衍。不雨尽可待，底便忧怀缅。

而予亦有虑，今春渥泽亶。膏澍沾益佳，绥丰岂谢腆。
设其稍愆期，良恐虚望满。患失我尚然，因悟人岂免。

## 北红门外即景

乾隆十五年（一七五〇）

北红门外晓回銮，雨后春郊料峭寒。五凤楼高直北望，居庸遥列玉为峦。
青牟扑陇蔚蓬葱，微雪侵晨一律融。却忆龙沙宣郡外，几多毳帐怨春风[一]。
夜闻风盛愁无寐，晓见雪消喜动容。岂是喜愁太无定，都来念里为三农。
别奉慈舆旋保阳[二]，纡途永定阅堤防。将旬萱戺疏温凊，此日询安谒寿康。

原诗注：[一]蒙古以游牧为生。春，雪风作，牛羊多冻毙，故畏之甚于冬日。南北风土不齐有如此者。

[二]命諴亲王率法从自保定侍皇太后进宫，以减从纡道，欲视永定河工。

## 春郊

乾隆十八年（一七五三）

春郊朝雪化如酥，润丽风光特迥殊。烟柳两行背永定，溪村几处指东吴。
花将欲放偏宜看，雁未全归远共呼。缇骑漫教频警跸，迎銮黎庶满前途。

## 南坞 乾隆十八年（一七五三）

平林入遥目，轻舆历广甸。南坞曾旧经，兹来又逢便。
墅店喜潇洒，杏桃未韶蒨。村民多种树，谁补橐驼传。
因思为政方，更张率致患。

## 布谷 乾隆十八年（一七五三）

凌晨闻布谷，先日见春耕。笃笃宁无倦，邕邕最有情。
土膏滋大地，时节近清明。爱尔关农务，还胜听晓莺。

## 山桃花三首 乾隆十八年（一七五三）

其一

山桃可唤北方梅，每领群芳报信来。昨夜东风吹细雨，倚墙早见数枝开。

其二

西峪亭前昨见春[一]，郊原花事尚逡巡。含胎多为轻寒勒，谁解催开羯鼓频。

原诗注：〔一〕近于石经山见山桃花，因名其亭曰见春。

其三

杏桃先后北南异〔二〕，花史何尝定论持。未免杏桃还暗笑，千秋纪述率如斯。

原诗注：〔二〕北方桃先杏开，南方杏先桃开。

## 即事 乾隆十八年（一七五三）

春云每作阴，春膏常润地。春烟低远村，春风拂游骑。
前夜小雨过，桃花放初媚。昨日复霏霏，芳草含珠穗。
入夜有渰萋，一犁冀明赐。近年实多幸，青郊利农事。
惟幸故望奢，大沛始畅意。

## 凉水 乾隆十八年（一七五三）

丰台接凉水，沮洳皆水乡。一堤十里遥，洲渚带两旁。
春融积泥泞，行旅颇有妨。何不培使高，役重多彷徨。
经过为筹策，略得不费方。因卑开水田，既可种稻秔。

其土取益堤，事半功倍偿。泉源近乎遥，输溉期久长。
行将命水衡，规度周测量。

## 即目　乾隆十八年（一七五三）

春霭溟蒙地气升，青郊润洳遍田塍。露秧烟柳连村屋，佳景江南一览曾。
景光物候肖东吴，前岁随来果信乎。回忆风霾向愁旱，好春似此得曾无。

## 风　乾隆十九年（一七五四）

卓午山吐云，复引望雨意。宿润欣稍佳，优沾希更继。
少顷乃变风，坱然作氛翳。寸泽曾几何，而禁吹万恣。
罢围坐行宫，踟躇愁弗置。

## 春晓　乾隆十九年（一七五四）

澹荡离宫曙，禽声出树迟。露滋花气馥，旭影柳梢蕤。

理趣清平旦，春光及畅时。未遑观景物，九宇入筹思。

## 即事 乾隆十九年（一七五四）

次第封章达禁廷，雨时都报麦回青。秋遥漫说丰堪望，忧久还怜意未宁。
水面藻齐鱼跳子，松阴莎嫩鹤梳翎。晚来云气西山吐，重喜淙潺入夜听。

## 晓 乾隆二十年（一七五五）

梦回衾帱清，檐禽才啅声。搴帷窗口纸，昒昕犹未明。
就枕拟续眠，常侍忽秉檠。曰有边报来，驰奏传军情。
立起筹事机，匪博求衣名。

## 春郊 乾隆二十八年（一七六三）

春郊沮洳率成泥，驰射还教陷马蹄。此亦何妨虑东作，大田趁候那兴犁。

## 夕 乾隆二十八年（一七六三）

眉月又西悬，行宫景倍妍。且过镫火闹，饶领研瓯缘。
摘句娱清夕，摊书忆往年。便宜前度者，望捷正无眠。

## 补槐 乾隆二十八年（一七六三）

宫槐行数阙，周视有需补。侍臣或进言，一笑聊听取。
旧树几合抱，新干何时伍。咄哉旧拱把，轮囷今乃睹。
十年百年计，更非所语汝。

## 春云 乾隆二十八年（一七六三）

春云吐西山，弥空忽幡纚。青郊方濈洳，已觉艰举趾。
弗雨斯乃佳，旋听风声起。尽吹云卷去，意乃为之喜。
回忆往年春，云生盼雨矣。闻风便已愁，那有喜之理？
人情好恶殊，翻覆有如此。

## 回銮口号 乾隆二十八年（一七六三）

红门以外大街临，过去前朝来者今。三日往还诗廿四，番风一例发无心。

## 暮景 乾隆三十六年（一七七一）

暮景远苍然，行宫憩息便。坐来如向日，因以忆流年。鼎引寒灰篆，檠明继照莲。春云低四宇，便望雨公田。

## 微雨〔一〕 乾隆三十六年（一七七一）

彻夜云聚散，奈何风阻之。侵晨息屏翳，遍野落棼丝。日晃旋成霁，寸余才略滋。无能消渴望，只觉益赍咨。

原诗注：〔一〕四月初六日。

## 海子行 乾隆三十六年（一七七一）

元明以来南海子，周环一百六十里〔一〕。七十二泉非信征〔二〕，五海至今诚有此[三]。诸水实为凤河源，藉以荡浑防运穿[四]。岁久淤阏事疏治，无非本计廑黎元。蒲苇戢戢水漠漠，凫雁光辉鱼蟹乐。亦弗恒来施矰缴，徒说前朝飞放泊。迤南有台高丈余，晾鹰犹踵前明呼。其颠方广不十丈，元院何以容仁虞[五]。二十四园泯遗迹[六]，耕地牧场较若画。是何有于国用资，裕陵诏谕量斯窄。所存新旧两衙门，中官尔日体制尊。一总督更四提督[七]，有如是夫势焰熏。内虚外怨祸来乍，大军曾此经南下[八]。阉逃不知何所之，纵横路便黄羊射。胜朝庑殿但存名[九]，颓垣落桷埋榛荆。茸为驷厩飞龙牧，时得良骑出骏英。沿其成例海户守，刍荛往焉雉兔否。设概听之将无禽[一〇]，如杀人罪则何有。少时习猎岁岁来，猎余亦复摅吟裁。五十年忽若一瞥，电光石火诚迅哉。即看平原双柳树，迭为宾主凡几度[一一]。世间万事付不知，风摆长条只如故。

原诗注：[一]元明诸家记载并称，海子周围一百六十里，今缭垣故址划然，实按之，不过百二十里耳。[二]《日下旧闻》称有水泉七十二处。近经细勘，则团河之泉可指数者九十有四，一亩泉亦有二十三泉，较旧数殆赢其半，稗野无征，大率类是。[三]旧称三海，今实有五海子。但第四、第五，夏秋方有水，冬春则涸耳。[四]海子内泉源所聚，曰一亩泉，曰团河，而潴水则有五海子。考一亩泉在新衙门之北，曲折东南流，经旧衙门，南至二闸。凉水河自海子外西北来，入苑汇之，其水发源右安门外之水头庄，东流折而南，入海子北墙，至此又南流。五海子之减水，自西南注之，又东南流，出海子东墙，过马驹桥，至张家湾，入运。团河在黄村门内，导而东南流，迳晾鹰台，南过南红门，五海子之水自北注之，又东流出海子东南，是为凤河。东流历东安、武清境，至天津之双口，与永定河会，浑水藉此荡漾，乃成清流。又东至韩家树，入大清河，又东至西沽入运。虽五海子之水与凉水河、团河时相灌输，而二河正流仍各判别，若玉泉则由昆明湖达于长河，穿禁城出，东南流为通惠河，至通州入运，并不经行海子，与一亩泉、团河渺不相涉。综而论之，通惠河源在北，入运最近；凉水河源居中，入运次近；凤河源在南，入运最远。源委秩然不紊。前代著述家未加稽考，率以玉泉牵附海子，支离可笑，因详订之。〔五〕吴伟业《梅村集》云：『晾鹰台，元之仁虞院也。』今台基宛然尚存，其颠不及十丈，势不可以建院。即云台或傅院，而旁近皆旷地，杳无院址可征髣髴，其谬不待辨矣。〔六〕伟业又言，『明置二十四园』。明时较元更近，岂有二十四处澌灭无存若此，且不能一举其名耶？〔七〕见《明朝宫史》。〔八〕我朝太宗文皇帝时，六师既围燕京，分兵南下，道经海子，如入无人之境。旧传曾于此中射黄羊鹿兔。〔九〕在新旧两衙门之间，相距各十余里。〔一〇〕苑中鸟兽皆驯豢之物，岂能任游手弋猎，竟无典守？向以子舆氏文囿之喻不免过情。设果听民尽取，久之将无雉兔。所谓尽信书不如无书，曾有诗纪及此，然虽有禁制，亦岂如孟子所云杀麋鹿者如杀人之罪乎？　〔一一〕苑中有双柳，其一先萎，补植之，拱把矣。其一复继焉。萎补相踵，抚而增怀，缘起并悉昔所为赋。

## 晓行三首　乾隆三十八年（一七七三）

其一

晓云欲泮尚模糊，画出襄阳墨戏图。舆路分明见麦色，我心与尔正同苏。

其二

郊村野店远相连，绿柳红桃带湿烟。农务欣沾三月雨，何妨余事凑春妍。

其三

围墙南苑已观其，接驾千官陌路陲。自是今朝多喜色，无斯雨未易言斯。

## 夕　乾隆三十八年（一七七三）

春云散以尽，春气润而清。适值离宫坐，犹当几暇并。不殊昔年况，忽忆旧经横。内圣外王学，咄哉何所成。

## 晓行 乾隆三十八年（一七七三）

破晓乘轻舆，行行历广陌。微风送土香，轻芜含露泽。是景岂易遇，为之手加额。猎骑不须排，弓图掤应释。一以畅生物，一以防躏麦。然于鞍马间，自知弗如昔。

## 启跸幸南苑 乾隆三十九年（一七七四）

南苑迩来临弗亟，去年今岁两临加。昨缘回跸奉金幰〔一〕，兹以落成礼碧霞〔二〕。习习风轻花放蕊，蒙蒙露重麦抽芽。因之更为思膏雨，祈稔吾怀讵有涯。

原诗注：〔一〕上年春阅视河淀工程，因恭奉皇太后巡幸天津，由水程回銮，登陆后便道掖奉慈辇临憩南苑。〔二〕重修马驹桥碧霞元君庙蒇工，择于十二日亲致瓣香庆落，而南顶、中顶神庙亦丹雘鼎新，因分日虔诣瞻礼，路便遂驻新旧衙门行宫。

## 凉水河 乾隆三十九年（一七七四）

凉水出凤泉，玉泉各别路。源出京西南，分流东南注〔一〕。

岁久未疏剔，率多成沮洳。漫溢阻道途，往来颇致误［二］。
王政之一端，未可置弗顾。迩年治水利，次第修斯处。
建闸蓄其微，通渠泻其怒。有节复有宣，遂得成川巨。
川傍垦稻田，更赖资稼务。南苑红门外，历览欣始遇。
或云似江乡，宁饰江乡趣。兴农利旅然，永言识其故。

原诗注：［一］凉水河出右安门西南。凤泉东流，经万泉寺分为二支，一自南经草桥曲折东注，一自北经广恩寺曲折东注，至永胜桥复汇为一，东南流循南苑，缭垣而东至小红门之西，入苑墙东南流经沙底桥折而南，历头闸至二闸。一亩泉之水，自西来汇之，又南而东至鹿圈村，三海子以上之水自西南来注之，又东南流至五空桥，出苑墙经马驹桥，迤东行至张家湾入潞河，此凉水河之经流，与玉泉之贯绕京城入通惠河者，各不相涉也。［二］自右安门至永定门，地势洼下，每遇霖潦，辄漫溢阻旅途，岁久未治，积成沮洳。迩年以来，清厘水道，出内帑，简大臣董其事。自凤泉至南苑进水栅口浚河三千余丈，又自栅口至马驹桥浚河五千余丈，修建桥闸凡九，新建闸五，以资节宣。于是凉水河之水，乃得安流无患，其浚河之土则于右安门外培筑甬道一千余丈，以便行人，河两岸旧有稻田数十顷，又新辟稻田九顷，余均资灌溉之利。或云其地似江乡风景者，不知余之意期于农旅俱受其益，并非借此为点缀也。

## 丰台 乾隆三十九年（一七七四）

丰台仍是旧名呼，接畛连畦种植俱。点缀韶光宁可少，偷移天巧得曾无。
幻开顷刻欺殷七，下策火攻学阿奴。日下南门精数典，谓当花事祝蕃庑[一]。

原诗注：[一]《日下旧闻》引《析津日记》，谓丰台之名，不知所始。朱彝尊按以丰台疑即拜郊台，因南门曰丰宜，故目为丰台云云，其解未确。考丰台为京师养花之所，元人园亭多在其地，丰盖取蕃庑之义，台则指亭台而言之耳。

## 咏瓶梅 乾隆四十一年（一七七六）

盆梅不计月，迟早由花师。庭梅资土植，南早北开迟。
静怡轩前花，季春始逢之。今岁节气早，仲月即见斯。
而适启巡跸，略惜孤花期。海子近京都，簪瓶呈数枝。
冬春雨雪沾，精神益茸滋。朵大乃异常，远闻香气披。
苟尝其一脔，鼎味都可知。独欠未倚树，亲切全体窥。
幽韵则已探，斐然兴吟词。

## 春晓 乾隆四十一年（一七七六）

东方渐昒昕，绿野蒙春露。肩舆徐启行，草香闻布濩。
所欣宁在草，麦田及蔬圃。一例润气蒸，历年所罕遇。
武定奏军功，雨沾纾农虑。幸逢诸事顺，吾心慰滋惧。

## 仲春幸南苑即事杂咏 乾隆四十七年（一七八二）

南苑前年曾一过[一]，寒暄阅岁迅逶迤。手柔弓燥思典论，小试春蒐仲月和。
于此习围忆少年，朝家家法意深焉[二]。今仍命子孙曾辈，一例遵行奕叶传。
北红门外水田治，路便轻舆快览之。苑内亦多宜剔处[三]，由来万事在人为。
平原早已列围场，风作宣教罢猎行。不惜畏劳将致议，古希遵养亦云当。

原诗注：[一]前岁庚子秋，自热河回跸恭谒东陵，礼成，即取道南苑恭诣西陵，未及行围，距今不觉两年矣。[二]余十二岁时，恭侍皇祖于南苑习围。盖我朝家法，最重骑射，无不自幼习劳。今每岁春间，仍命皇子、皇孙、皇曾孙辈于此学习行围，所宜万年遵守也。[三]近来疏剔南苑新旧诸水泊，已成者共二十一处，又展宽清理河道，清流演漾汇达运河，并现在拟开水泊四处，次第施工通流济运，较昔时飞放泊尤为利益云。

## 山桃 乾隆四十七年（一七八二）

仲春春将分，韶意方昌矣。假山植真桃，真假谁辨此。
柔枝渐回青，嫩苞已含紫。遥看近却无，昌黎句相似。

## 堤柳 乾隆四十七年（一七八二）

治湖必治堤，护堤率以柳。熏黄窣长条，左宜而右有。
鹭猜舞翻无，鱼认钓丝否。成林我始来，少暇亦无咎。

## 春分［一］ 乾隆四十七年（一七八二）

仲月日来复，三春节已分。柳桃初酿色，锦绣景迟闻。

九十判其半，居诸惜漫云。东郊厘举止，霭霭见生云。

原诗注：［一］二月初七日。

## 清明 乾隆四十七年（一七八二）

今日始春分，清明迟半月。未至何以言，有怀那无说。

合龙预指期，望雁急心窟［一］。不可更亏篑，南瞻愁弗竭。

原诗注：［一］昨阿桂等奏，现在堵筑口门不过二十六七丈，按日论工可于清明前后合龙等语，自今预计为期尚有半月，益切望佳信之至。

## 芟树 乾隆四十七年（一七八二）

芟树合秋冬，春夏非其时。春而未畅发，或亦不妨为。

是处树新种，多有丛生枝。丛则碍其长，匪爱实害之。

适来知其然，芟修可再迟。伊川戒摧折，良语诚亦思。

然此因玉成，非关漫戏嬉。

## 静室 乾隆四十七年（一七八二）

温室通洞房，中垒石峰景。巀嶭殊可观，小胜兴怀永。
不必征奇文，直号之曰静。静为立极本，濂溪语堪省。
然非无逸耽，并合有欲屏。尺宅寸田养，仰希圣贤境。

## 晴 乾隆五十一年（一七八六）

晓尚浓云午放晴，未成续霈惜犹生。
适吟鉴止如何会，不知足诚贪者情[一]。

原诗注：［一］贪非受贿而已，凡不知足，皆贪也。

## 自团河行宫乘舆至新衙门行宫杂咏四首 乾隆五十一年（一七八六）

其一

晚晴问夜五更阴，密雪霏空薄冷侵。积地寸余晓放霁，曰欣曰惜两萦心。

其二

春寒雪后合乘舆，奏语曰俞弗咈诸[一]。自顾古稀应颐养，习劳岂必过勤予。

其三

依然七萃备春蒐，冻滑郊原悉命收。却以长年聊罢猎，非关遇雨学文侯。

其四

行宫近十里而余，净几明窗适憩居。五十年来欣戚事，消闲观遍壁间书。

原诗注：[一] 十四日丑寅间复雪，晨起即止，御前大臣等以春寒请乘舆，因命罢猎就道而行。

## 入南红门 乾隆五十一年（一七八六）

廿里路非远[一]，行行南苑看。毕差遣疆吏，迎驾萃京官。

数日期斯驻，向年迹历观。土墙砖以易，海户沐恩宽[二]。

原诗注：[一] 是日，自普周营尖营至南红门，不过二十里。[二] 海子周围原皆土墙，夏雨每致淋颓，则海户出力修十分之四，官发帑修十分之六，此向例也。因思海户虽皆受田，力役亦其当然，但怜其贫穷或不支，即官发帑亦每岁多费无止期，爰命次第易以砖，既免每岁之费，而海户免此力役，受惠实多矣。通发帑三十八万余两成之，受雇贫民亦资其利，然出之内府，无涉司农，此《知过论》所谓不可已者仍行之者乎！

## 轻舆六韵

乾隆五十一年（一七八六）

轻舆向旧衙[一]，十八里匪遐。猎骑春蒐猎[二]，家风法纂家。
子孙勘射艺[三]，平仄就诗义。虽曰心犹喜，其如力不加。
逸行稍自恧，教寓此惟赊。六十六年我[四]，隙阴了未差。

原诗注：[一]旧衙门行宫，原明季内侍之衙门也，屡有诗论之。[二]是日沿途小猎，国语谓之阿达密，略寓春蒐之义，非如木兰秋狝大猎合围，国语所谓阿巴喇密也。[三]我朝最重骑射，无不自幼学习。兹自天津回銮，驻跸南苑数日，皇子、皇孙、皇曾孙辈来迎，即命随行射猎，以观其艺之能否。凭舆无事，口占是律，亦以志愧云。[四]予自十二岁侍皇祖在此，今七十有八，是六十六年矣。

## 夜雨[一]

乾隆五十三年（一七八八）

夜雨落三更，隔窗听淅沥。时密时复疏，未至檐响滴。

因之不成眠，晓起雾光白。移顿向团河，凭舆晴野历。
昨日堁扬尘，今朝露含泽。然深刚及寸，于农嗟何益。
行馆亦即至，邮章批览悉。热河山海关，报雨四寸得〔二〕。
远慰近仍愁，拈吟颜为赤。

原诗注：〔一〕三月初九日。〔二〕热河副都统恒山保奏，热河等处三月初五日得雨四寸余。又据山海关副都统麟宁奏，是日山海关等处亦得雨四寸余。

## 入南红门

**乾隆五十五年（一七九〇）**

望麦生怜忘路遥，渴霖一例益心焦〔一〕。戊犹三月庚四月，缓计十朝迫五朝〔二〕。
暂聚晓云辰即散，当年幼景老无聊。门前忆此承恩顾，曾试神枪娱圣尧〔三〕。

原诗注：〔一〕前岁戊申，巡幸天津回跸时，正值望雨。此番情事相同，但彼时犹在三月，今已入四月中旬，祈望尤切。〔二〕苏轼《喜雨亭记》有十日五日之语，兹麦苗正在吐穗，亟盼甘霖为期，更不可缓。〔三〕康熙癸卯，时年十二，恭侍皇祖幸南苑，命庄亲王教予试神枪，即能命中，仰邀嘉悦，回忆已几七十年矣。

## 夜雨　乾隆五十五年（一七九〇）

眠枕澍无望，听檐溜有投。五更润四寸，一雨逭千愁。
畿甸似沾遍，豫齐曾被不[一]。慰哉恐志满，益赞懔心头。

原诗注：[一]山左暨豫省河北一带，迩日亦殷望泽。此番之雨，近畿当已普遍，而云势广阔，想豫齐亦可同沾，惟盼奏章驰至，用慰繾怀。

## 雨[一]　乾隆五十九年（一七九四）

驰睛隐曦影，仰面冒烟丝。霎霎渐微落，霈霶遂骤施。
微衷讶出望，大造锡优慈。所惜半时止[二]，刚余三寸滋。
慰希仍两笃，近远更兼思。入夕云犹厚，继沾祈禀寅。

原诗注：[一]四月初三日。[二]今日午刻，云气浓合。初止雨丝飘洒，迨未刻后，雨势骤集，甚为霶霈。仰荷昊恩，得此甘膏，实出望外。惜申初旋止，仅得三寸余，颙冀继霈渥泽，尤殷虔切耳。

## 晓行

乾隆五十九年（一七九四）

纡跸团河只廿里，五年以阅一宜停。昨朝野甸扬尘处，润沃黄根即发青。

雨后回苏何速哉，轻舆迤逦不生埃。心和万物原一体，妥帖都资大造培。

遥看双柳作朋荣，宾主曾经长赋评〔一〕。不学研京练都句，略同齐物说难情。

甫临首夏犹清和〔二〕，兽有新生育野莎。猎骑教停弗试射，亦因年耄抱惭多。

原诗注：〔一〕南苑适中之地，旧有古柳二株，俗即名为双柳树。昔曾枯其一，苑之官役为补植之，以还其旧观，后又屡经随时补种。癸酉岁曾为长赋，有经予见者，『三十年间新旧迭，为宾主者凡三矣』之句。〔二〕昨驻天津，召试献诗诸生，以『首夏犹清和』为题。

## 复雨〔一〕

乾隆五十九年（一七九四）

午过云容重，酉临雨势优。天恩真继泽，臣意略消愁。

雩度已责切〔二〕，巡回物惠稠。幸无孤来往，益慎勉勤修。

原诗注：〔一〕四月初五日。〔二〕初三日得雨后，颙盼继沾。今午云阴颇重，酉刻末，雨势悠扬，历时甚久，至夜半始止，又得三寸余。初六日，正值雩祭之期，以去秋疆臣请巡津淀，早经降旨允行，昨驻跸天津时，尚欲于斋戒前回城，躬亲展恪，而计日计程已不能及，因命皇子恭代行礼。然不克与祭，悚歉方深，乃仰沐昊慈于三日内连霈优膏，欣慰感激之，忱实不能以言喻，益增敬惕耳。

## 出北红门 乾隆四十一年（一七七六） 颙琰

言旋策马冒轻寒，可讶光阴似走丸。日彩射红升老树，柳丝纷绿送归鞍。
三旬文囿吟情畅，十里神皋眼界宽。乍即天街风景丽，凤城迢递望中看。

## 至南苑作 乾隆五十五年（一七九〇） 颙琰

坡陀沿小村，迂回达南苑。依依柳色新，冉冉平芜远。
髫年每岁来，习武思国本。恰启易水途，始自渔阳返。
一宿路必经，行殿驻翠巘。清和又来游，风光漫缱绻。

## 饮鹿池晚步 乾隆六十年（一七九五） 颙琰

从禽聊住马，散步到池边。活活春波足，依依柳色绵。
牛羊下村墅，鹅鸭戏沦涟。徙倚多清兴，斜晖接晚烟。

## 晚眺 乾隆六十年（一七九五） 颙琰

散步碧溪畔，波光印夕阳。翻云鸦背紫，垂带柳条黄。
平阪牛羊下，回溪雉兔藏。凝眸百里外，一带远峰长。

## 春寒 乾隆六十年（一七九五） 颙琰

遇闰节候迟，料峭春风急。寒林未绽条，潜枝鸟羽戢。
花信第几番，尚欠芬芳集。旅舍静掩扉，古书自诵习。
玩味乐知新，英华堪掇拾。焚香验工夫，分阴恋汲汲。

窗午迟日暄，广场息嘘吸。晚步适心神，夕晖在平隰。

## 草色 乾隆六十年（一七九五） 颙琰

极目蘼芜匝地长，平添春色满池塘。青青浥露余朝润，冉冉含烟接夕阳。
陌上牵丝连柳影，水边分绿印波光。天涯一碧吟眸远，猎罢归途马足香。

## 晓晴听春鸟声 乾隆六十年（一七九五） 颙琰

疏林上晨晖，遥天云气展。新晴好鸟鸣，睍睆清音转。
求友同乔枝，遇闰韶光浅。心空耳识来，仿佛频伽演。
境幽息尘喧，窗外游丝卷。

## 池上 乾隆六十年（一七九五） 颙琰

湛湛方池净，溶溶春水生。风涵金碧迭，日映锦纹明。
到此尘埃远，令人心地清。韶光漾洲屿，游咏舞雩情。

## 西红门晚望 乾隆六十年（一七九五） 颙琰

百里周原望眼赊，天清不觉片云遮。双鸥破水还留影，庶草掀泥尽吐芽。
土润易来三月雨，春寒犹待几分花。西山层迭真如画，高下峰峦接暮霞。

## 南苑忆旧作 嘉庆元年（一七九六）

百里平原年少游，天家每岁习春蒐。联吟题壁鸿泥印，射鹄分堋月影留。
翦烛论心仍夙志，连床听雨悟浮沤。雁行十七承恩独，肯构还须棠棣修。

## 赋得春雨如膏[一] 嘉庆元年（一七九六）

甘雨三春足，嘉祥北地稀。如膏增麦长，似醴助田肥。
浃洽土全润，滋培候不违。瑞应均直省，泽喜遍京畿。
深透耕耘赖，浓酣霢霂霏。飞空欣霔霸，洒陌岂溲㵐。
感贶心中惕，承欢膝下依。九天散珠玉，多士试扬辉。

原诗注：［一］得稀字五言八韵会试题。

## 南苑即事 嘉庆五年（一八〇〇）

停骖缘路便，礼蒇自动回。只以谒陵去，非因较猎来。
旧衙存手泽，新境待心裁。习武忆年幼，纷如野马埃。

## 南苑忆旧作 嘉庆八年（一八〇三）

海子天家肄武地，每岁春蒐排猎骑。六龄入学率来兹，幼习弧矢重戎备。
夙承庭训永弗忘，身耽安逸即废弃。回思昔日心悽然，弟兄十七只余四。
独予蒙眷抚万邦，凛乎驭朽守君位。敬念考恩由旧章，诘戎深意绳先志。

## 海子行 嘉庆八年（一八〇三）

永定门外南海子，地势沮洳众流委。辛酉季夏被涝灾，大堤溃决泛洪水。
东下直灌北红门，浩瀚奔腾巨波沵。今来触目倍惊心，旧河淤垫新河徙。
石桥空置驾浮梁，小易沧桑倏如是。人君治世总奉天，敬体盈虚凛顾諟。

## 晚坐书怀 嘉庆九年（一八〇四）

髫年岁来兹，承旨命习武。春蒐匝月期，兄弟昕夕聚。联吟坐书城，弯弧游射圃。时事几变迁，仔肩六合抚。地同境遇更，鸿迹印旧雨。斜照在疏林，临风独长怃。

## 秋雨[一] 嘉庆九年（一八〇四）

节候重阳近，西风酿雨霏。繁滋洽南苑，透润遍京畿。秋麦方萌长，甘膏助洒挥。诘朝览霁景，芳甸试行围。

原诗注：[一] 九月初五日。

## 南苑春夜 嘉庆十年（一八〇五）

广场五日试春蒐，习武力勤非豫游。甲夜挑灯阅封事，系心民隐切谘诹。

## 海子咏怀 嘉庆十一年（一八〇六）

前明政不纲，大柄付宦寺。海子两衙门，威福任纵恣。
豹房日嬉游，声歌选娇媚。国事泯见闻，一败遂涂地。
我朝应运兴，开基重武备。习劳儆怠荒，三驱列羽骑。
旧境鉴戒存，敬勤亹抚字。守成凛持盈，孜孜图郅治。

## 出北红门还宫即事 嘉庆十一年（一八〇六）

髫年习春蒐，岁驻三旬久。今来偶停銮，小猎试平阜。
敕政日万几，寸心凛授受。曷敢事豫游，惟虑弗克负。
信宿即还宫，曙光摇陌柳。阊阖启九重，钦哉神器守。
畿甸幸盈宁，海峤聚群丑。亟盼巨憝除，岂容挂席走[一]。

原诗注：[一]连日盼望军报。昨廿六日，先据李长庚奏副将许松年、王得禄在柴头港口攻剿贼匪，台郡文武派兵协助，将盗伙歼获多名，得有胜仗。次日，复据爱新泰、庆保奏，嘉义一带沿海贼匪，经副将金殿安、什格，参将英林及同知胡应魁等在斗六门奋勇剿杀，歼贼甚众。现复往彰化进剿，北路文报已通。又接鹿港来信，知内地派往之副将张良槐等二三起官兵并带饷银，已抵鹿港。总兵李应贵所带兵船，据玉德奏，于二月初七日已过澎湖，即可前抵大港。赛冲阿于二月十二日亦已驰抵同安，不日放洋。是各路官兵俱已云集，李长庚于海口各处严密防守，计用火攻，焚毁贼船，蔡逆水陆路穷，自当克期就擒，断不任其乘间免脱也。

## 进海子南红门

嘉庆十三年（一八〇八）

跸莅春宸属，红门苑正南。绿莎铺广甸，翠柳蘸澄潭。

北阙凝遥霭，西山送远岚。时巡典告蒇，德化未能覃。

## 夜雨[一]

嘉庆十五年（一八一〇）

云容凝晚宇，入夕荷膏施。农候宜辰月，雨声度丑时[二]。

陌尘欣尽压，垄麦喜深滋。烟景笼南苑，元灵谢渥慈[三]。

原诗注：〔一〕三月二十二日。〔二〕本日驻跸燕郊，午后兴云，至戌刻云气四合，雷雨骤作，至丑时犹复渗漉飞洒。本年三月连次甘膏优渥，洵属农田之庆。旋据京尹奏报，入土三寸，于麦垄大田均占丰稔，舆情益深欢慰。〔三〕明晨敬谒元灵宫拈香谢泽。

## 进双桥门即目成什 嘉庆十五年（一八一〇）

石桥南下敞平原，几转陌阡近圃垣。踠地柳条青不断，连天草色碧无痕。
知时力作新膏洽，应候春蒐旧迹存。瞻礼花宫为民谢，停銮信宿驻衙门。

## 进双桥门即事 嘉庆十七年（一八一二）

潞城西转度平畴，欣见沿村宿麦稠。仍溯旧程莅南苑，试乘良马展春蒐。
畋游逸乐期无过，弓矢精勤在自求。告我子孙思效法，习劳肄武勉前修〔一〕。

原诗注：〔一〕予自髫龄即承命偕兄弟子侄辈来此春畋，秋间则恭随圣驾行围。我皇考躬率先猷，教以缵承家法也。予命皇子辈春月驻此习围，八月随同秋狝，一遵旧制。皇四子年仅八龄，亦命偕同试猎。明春皇孙奕纬年交六岁，亦当相随，肄习骑射。兹以恭谒东陵回跸，小试春蒐，追思往事，乃以幼年娴熟之业告我子孙，知所效法慎守习劳肄武之规，于亿年勿替也。

## 南苑雨后出镇国寺门即景欣成长律 嘉庆十七年（一八一二）

四郊云气布浓匀，午降甘膏润绿畇。感荷天施二寸泽，欣看民沐一犁春。滋含麦陇洽田土，烟敛柳蹊净陌尘。遥望西峰积微雪，继沾仍冀上苍仁[一]。

原诗注：[一]昨二十三日，驻南苑新衙门行宫。早间浓云四布，至午刻细雨飘洒，旋见密点相间，迨夜分始止。据顺天府尹奏报，得雨二寸有余。荣滋宿麦，播种秋田，均为有益，洵属应候甘膏。本日由南苑回跸御园，延览郊原，遍含润景，垄亩嘉生，益增芃茂。尤冀时霖续沛，锡以丰年，处感弥深，仍未释恳吁之念也。

## 进北红门至南苑即景成什 嘉庆十八年（一八一三）

朝开阊阖喜鸣镳，十里红门路不遥。绿染原莎铺嫩毯，碧垂陌柳袅柔条。新滋溥甸开桃蕊，宿润含皋茁麦苗。小试春蒐御安顺[一]，虞人不待以冠招。

原诗注：[一]安顺骢，猎骑名。

## 新绿八韵 嘉庆十八年（一八一三）

南苑韶华溥，凝眸新绿齐。周原拖嫩颖，匝地茁柔荑。
菌薄遥青渺，苔轻远碧低。平铺痕已遍，近看迹还迷。
虚漾烟千迭，滋含雨一犁。缘堤牵柳线，入沼洽芹泥。
冉冉笼鸿影，层层衬马蹄。省耕待渥泽，即境偶拈题。

## 季春南苑 嘉庆二十年（一八一五）

甘膏应节润平原，南苑春和物候暄。麦垄滋含青颖接，柳坡烟静绿阴繁。
省耕首重民生计，念典常怀考训言。此是天家习武地，永承毋怠勖儿孙。

## 御园季春 嘉庆二十年（一八一五）

时巡未二旬，六御畅行春。遍野麦苗润，沿途民俗淳。
心纯有实政，识定却浮尘。上苑清和候，长赢庶汇新。

## 夜雨 [一] 嘉庆二十年（一八一五）

南苑初旋辔，膏沾殿季春。一犁欣达曙，二寸恰依旬。
京邑滋培屡，豫齐透足匀。晓晴寒料峭，普洽待章陈。

原诗注：[一] 三月二十四日。

## 春楼远望 嘉庆二十一年（一八一六）

暄和春昼上层楼，百里郊原一望收。墙外垂杨舒旧缕，陌边宿麦茁新畴。
神京北拱云霞护，峻岭西横岚霭浮。漫忆昔年晚行猎，心随境易与天游。

## 春苑忆昔 嘉庆二十一年（一八一六）

少年习射猎，每岁驻三旬。时若春鸿影，迹随野马尘。
拈吟心忆昔，莅政德图新。苑树含轻绿，长沾造物仁。

## 春雨［一］ 嘉庆二十一年（一八一六）

帝泽依旬降［二］，甘霖南苑敷。云容笼远甸，烟景幂长途。
润物群生洽，滋田二麦濡。天恩真浩荡，年稔兆欣符。

原诗注：［一］三月十二日。［二］初三日，得雨三寸。

## 南苑回跸 道光四年（一八二四）

怱怱五日即旋归，霭霭疏林映曙晖。一带青杨接町疃，几番甘泽庆京畿。
烟消沼面波初展，云隐峰头势更巍。禁苑风光增淑丽，绯桃红杏逗芳菲。

## 小楼夕望 道光五年（一八二五）

雪霰优沾三寸余，小楼晚眺赏心舒。银峰插汉天然绘，碧柳临风作意梳。
麦色青青时润足，云光片片夕阳初。诘朝路指通城近，南苑春蒐访旧居。

## 静妙居晚坐　道光五年（一八二五）

御园南苑兴无穷，胜地烟霞是处同。流水声中莺啭柳，斜阳影里雁横空。
波含远岸蒲初绿，径隐回峰杏乍红。静憩幽窗春正好，几闲只合拣诗筒。

## 季秋三日启跸南苑作　道光六年（一八二六）

烟开云净正高秋，纵辔平原列事修。拂面凉飔初送爽，宜情骏马喜鸣驺。
当年小队思如昨，昔日殊恩叹若流。敬仰居安不忘武，乘时勉励旧章由〔一〕。

原诗注：〔一〕我朝家法，每岁校猎南苑，乘时肄射，躬习勤劳。盖祖考居安不忘武备，垂示后人，意深远也。予敬承旧典，猕事载修，际兹秋宇澄清，鸣驺爰莅，睹行殿书楹之训，忆昔年扈跸之时，永念殊恩，敢忘惕励。

## 静妙居　道光八年（一八二八）

别有芳园喜静佳，前朝微雨静纤埃。清池映户澄心性，掠水乌衣去复来。
回环曲沼小桥通，密柳含青澹霭笼。无那春风不相假，山桃剩有几枝红。

## 出北红门还宫作 道光八年（一八二八）

猎罢旋骖返禁宫，端因斋宿礼先农。青葱麦色盈阡陌，应候心希注雨逢。
佑我皇清感照临，神威丕显寸衷钦。衔诚驻马初瞻拜，几日行蒐春已深[一]。

原诗注：[一]是日敬诣正阳门关帝庙瞻礼。

## 季春启跸幸南苑作 道光九年（一八二九）

草浅风和猎事宜，习劳务本系深思。平原昔日欣驰骋，挟矢弯弧怕马迟。
离宫开四树重行，碧柳环池特地长。即鹿更宜施火器，先呈萱殿及时将。

## 池上晚步 道光九年（一八二九）

一鉴澄波悦性灵，河边较射旧风情。依依高柳丝垂密，灼灼夭桃粉堕轻。
夕照衔山烟欲断，闲云渡水画难成。遥林鸦阵频翻影，四野苍茫莫霭生。

## 静妙居 道光九年（一八二九）

一曲清流映户，几行碧柳遮山。为爱春光和煦，等闲鸟语花间。
此地由来停猎，十分春色芳妍。领略小园佳妙，拈吟散步池边。

## 登楼晚望 道光九年（一八二九）

偶凭高楼眼界清，斜阳草际暮烟平。苍茫远望云边树，纵辔追狐旧日情。
新旧衙门陌柳分，昔时珰势尚堪云。留将斯地毋忘武，永守成规励俭勤。

## 赋理耕耤[一] 道光九年（一八二九）

念切民依重，亲耕典则垂。神坛诹吉亥，帝耤展青旗。
义喻人千耦，功昭礼四推。禾词传九陌，稼政劭东菑。
穜稑良田播，沾濡下尺滋。衔泥芳草渡，布谷绿杨枝。
汉诏征先务，豳风溯远规。叩天祈上稔，丰乐巩邦基。

原诗注：[一]得推字五言八韵宗室会试题。

## 至南苑作

道光十年（一八三〇）

旋跸通州路转南，春蒐广甸值春三。居安肄武而今懔，从猎弯弧昔日谙。草色青青时润足，杨枝袅袅野烟含。过庭训谕衷常识，怆慕都成梦幻谈。

## 双柳树

编者按：双柳树位于南海子中部的小海子内，是两株相依而生巨大的古柳树。两树枝杈交错，因此得名『双柳树』，因甚为乾隆皇帝所钟爱而成南海子内一处著名景观。乾隆皇帝曾多次临幸于此，对该地的两棵古柳尤为关注，若有枯萎，立即诏谕进行补植，并多次作诗吟咏，留下了『南苑双柳树，昔年何葱菁！两株立平原，千丝织晚晴』的诗句。

随着南苑的凋敝，双柳树这一名景也被毁。如今，双柳树遗址已经难以探寻，仅能从御制诗作中略窥双柳树之景象。

## 双柳树 雍正十二年（一七三四）

双双高柳拂长空，繁枝低亚相青葱。不知植此者谁氏，秋来疏叶凌西风。
露浥平原猎骑出，得意谁知消岁日。南苑徘徊双鸟飞，烟柳萧条仅存一。
漫言草木本无情，可怜独树伤无朋。寒郊仿佛灵和殿，月上空余孑影明。

## 南苑双柳树 乾隆五年（一七四〇）

南苑双柳树，昔年何葱菁！两株立平原，千丝织晚晴。
因循失其一，独树若无荣。至今行路人，犹道双柳名。
岂无补植者，枯萎率不生。嗟哉草木质，尚有相怜情。
徘徊不能去，长歌代柳鸣。

## 双柳树 乾隆九年（一七四四）

南苑双柳树，厥名亦已久。临池弄清阴，婉婉盖数亩。
岁月与俱深，麋鹿相为友。昔曾枯其一，秋风自凄吼。

何人见怜之，补种复成偶。我闻未枯树，却种曾枯后。
迭为主与宾，遑论新兮旧？曰名不如实，斯柳以名寿。

## 南苑双柳树复枯其一迭韵志感 乾隆十一年（一七四六）

种柳补成双，双双期未久。经年此一过，独树临芜亩。
昔为旧者伴，今待新为友。停鞭契菀枯，真似狮子吼。
彭殇本齐年，宾主亦其偶。大椿过八千，朝槿荣其后。
底事重欢悲，强分新与旧。灵和傥悟此，是谓无量寿。

## 双柳歌 乾隆六十年（一七九五） 颙琰

上苑托根如昆季，春来披拂添新翠。共沐天公雨露恩，扶持长养生机遂。
交柯几见绿阴稠，秋月冬风时序流。攀条漫写章台曲，折取奚同灞水游。
荣枯与岁相更换，绕树寒乌云影断。转瞬三眠起碧条，风里杨花又零乱。
成实成阴岁月深，催开催谢付无心。眼前景象供诗笔，即境聊成双柳吟。

# 晾鹰台

编者按：晾鹰台位于今南海子南部，毗邻大红门村，是南海子内最为著名的围台。元代于此设仁虞院（或称鹰坊），管理当时的下马飞放泊。仁虞院是晾鹰台前身，明清一直沿用。

清代，南海子是皇室举行阅武、观围的重要场所。据《钦定日下旧闻考》记载：『恭值大阅之典例于晾鹰台举行。』每逢大阅，皇帝登晾鹰台以望远，检阅八旗布兵列阵的壮观场面。

晾鹰台遗址现今仍存，然而由于附近民众取土、造田，围台规模已有缩小。

## 晾鹰台　康熙十七年（一六七八）

清晨漫上晾鹰台，八骏齐登万马催。遥望九重云雾里，群臣就景献诗来。

## 晾鹰台集蒙古诸部落慰劳遣之　康熙二十三年（一六八五）

秋尽高原霁景清，远人马首颂巡行。九经自重怀柔意，欲使遐陬识治平。

## 晾鹰台　乾隆三十九年（一七七四）

迢迢旷野起平台，习猎调鹰亦壮哉。飞放当年存故迹，登临此际净浮埃。
云霄应待凌秋健，毛羽初看映日开。正是仓鹒鸣麦陇，仁风还见化鸠来。

## 晾鹰台春望　乾隆六十年（一七九五）　颙琰

晾鹰故迹忆元明，策马登临眼界清。霞影连天宜入绘，柳丝踠地最多情。
远山迭翠宿烟散，春水拖篮新涨生。七十三桥无觅处，波光澹沲任鸥盟。

# 南苑行宫

## 杂咏

### 秋夜南苑行宫怀旧偶作 乾隆四年（一七三九）

再经南苑动秋情，别殿宵深景物清。最爱寒光窗外映，那无逸兴静中生。
闲阶乱草低萤火，古寺疏钟叩月明。奏牍手批更漏永，转教重忆旧经横。

### 秋夜南苑行宫怀旧迭前韵 乾隆五年（一七四〇）

松菊迎人似有情，离宫月朗正秋清。旧题乍展怀重系，新句频拈兴转生。
吹籁疏林金气肃，透窗寒影玉钩明。倚吟惊破红尘梦，嘹呖天边雁字横。

### 春夜南苑行宫即事迭前韵 乾隆七年（一七四二）

如驶年华过隙驰，离宫驻节仲春时。六飞巡幸乘韶令，万户饥寒待体知。
岂为吟诗忙里适，每因望治静中思。几余消得闲庭夜，弄影银蟾窗外移。

## 秋日南苑行宫

乾隆七年（一七四二）

别馆离宫迤逦开，虚庭古砌足苍苔。花承白露知秋到，鸟噪绿槐讶客来。
云避羲轮辉素宇，风吹窗网净纤埃。拈吟多少劭农意，不为巡游骋赋才。

## 南苑行宫题仇英黄鹤楼图用崔颢韵兼效其体[一]

乾隆十一年（一七四六）

两个地仙谁跨鹤，千秋佳话空传楼。高楼江夏今好在，我欲寻之叹路悠。
莫谓昔人传昔事，试看春水生春洲。依然别馆拈吟处，不知何事惹闲愁。

原诗注：［一］世传仙人子安乘黄鹤过此，又云费文伟登仙，驾黄鹤返憩于此。

## 南苑行宫谩题

乾隆十五年（一七五〇）

黯尔伤怀揭尔思，保阳回跸仲春时。行宫静摄期儿愈，秋日重经引我悲。
信矣万缘都是幻，絮哉七字复何为。玉虫稠缀银釭灺，似觑拈毫早泪垂。

# 新衙门行宫

编者按：新衙门行宫，又称新衙门、新宫、西宫，位于现北京市丰台区东部，为清朝帝王于南苑巡幸、行围驻跸的重要场所。行宫原为明朝南海子新衙门提督官署，清顺治朝改建为新衙门行宫，乾隆朝将其规模扩充为西中东三路，后世历朝各有简单添建修补。

新衙门行宫为南苑行宫体系的重要一环，多作为皇帝入南苑巡幸、大阅回銮前的最后一站，也是皇帝巡幸京城以西、谒西陵等活动途经南苑，出入西红门的必经之所。

乾隆朝扩新衙门行宫，完成后格局最为鼎盛，中路主要建筑有大宫门、迩延野绿、二宫门、神游清旷；西路主要建筑有阿哥所、太后宫、书房；东路主要建筑有阿哥所、太后宫，后方有裕性轩小院，含澹思书屋、陶春室、古秀亭，乾隆帝于此处题诗二十九首，『几清无俗氛，树古多乔枝』，赞其幽静雅致之氛围。

光绪二十六年（一九〇〇）八国联军洗劫南苑，炮击新衙门行宫，行宫建筑悉数被毁，现遗址已不存。

## 南苑新衙门行宫即事

乾隆四年（一七三九）

南苑重来羽骑驰，离宫未御已经时。新诗消遣闲中兴，旧学商量静里知。花笑迎人夸得意，鸟吟为我话相思。留连不是耽风景，却惜年华暗转移。

## 新衙门行宫即事

乾隆七年（一七四二）

离宫夜静剪银釭，听罢辕门画鼓摐。书案昔年遮莫忆，诗魔今日未曾降。风幡悟后马犹指，蕉鹿当前月满窗。消得几余清兴永，不须花下倒春缸。

## 新衙门行宫夜坐有怀

乾隆九年（一七四四）

春宵正清淑，春意未阑珊。坐我春宇下，碧天星斗寒。古树话夙昔，吟籁枝曲盘。徘徊轩阁虚，金鸭吐芳兰。芸编仍绿字，三复置且叹。非叹流阴速，躬行良独难。

## 裕性轩题壁〔一〕 乾隆十一年（一七四六）

宿解读书乐，时复与静宜。幽轩构离宫，忆昔曾下帷。
几清无俗氛，树古多乔枝。春风此驻跸，芸编一再披。
鸟语如相诉，驹影不肯移。欲去重徘徊，长歌有所思。

原诗注：〔一〕南苑行宫内旧书室也。

## 裕性轩咏玉兰 乾隆十九年（一七五四）

一树当庭万玉蕤，春风别馆及芳时。色香两字无余净，绨几凭参性所宜。
缋写春光得尔神，去年题句壁间新〔一〕。较量含韵斋前树，清咏饶他两度春〔二〕。

原诗注：〔一〕去岁来此亦值花开。〔二〕旧作有『裕性轩为含韵斋』之句。含韵斋，圆明园赏玉兰处也。

## 新衙门行宫述怀　乾隆二十年（一七五五）

廿里行宫信宿移，芳郊猎罢小栖迟。绿窗青简浑如昔，乔树丛花又一时。
学拟较先仍慊若，治虽望古每惭之。吾怀聊复摛毫述，自哂何须更尔为。

## 南苑行宫叠旧作韵[一]　乾隆二十一年（一七五六）

离宫信宿重关情，缃几芸编触目清。讵料鹿蠡仍计诈，尚教颉利待擒生[二]。
驱除已奏伊犁定[三]，旋转终归绝域平。谟烈在天祈默佑，桥山东望蓟云横。

原诗注：[一] 孔林告祭，礼成旋跸，展谒孝陵、景陵，由赵北口取道而东，经临南苑，迁次逾宿，循览旧题，感时触绪，辄仍原韵用述近怀。[二] 起銮日，西路军营驰报擒获阿睦尔撒纳露布，盖据以告者乃逆贼缓师之计也。已而策楞等知其为诈，督兵速进，刻期往擒。[三] 初阿睦尔撒纳潜踪伊犁，闻大兵至乃遁去，喇嘛人众来迎策楞等，遂以二月二十四日收复其地。

## 新衙门行宫即事　乾隆二十三年（一七五八）

旧新行馆东西甸，相隔不过十里程。一例春风堪驻跸，更缘明晓便驱旌。

翻书即有徇今惧，对景宁无忆昔情。裕性轩前玉兰树，故留几朵向人荣。

## 新衙门行宫迭旧作韵

乾隆二十八年（一七六三）

三处行宫两宿移，春风小试漫淹迟。无过武备示规意[一]，况逮文华进讲时。

昔往今来真迅矣，民情物理慎思之。皞熙未致伊谁责，纵曰知难亦底为。

原诗注：[一]是来本欲以行围之度示诸回部，故启程之日，咸令送驾而去。信宿还宫，即御经筵。

## 古秀亭

乾隆二十八年（一七六三）

度来十笏犹为少，纳以三千亦觉余。试凭绿窗静观物，应知此语信非虚。

## 陶春室

乾隆二十八年（一七六三）

春草绿侵阶，春禽入听谐。陶春自老屋，坐对始知佳。

## 澹思书屋　乾隆二十八年（一七六三）

宁夸芝篆余钗脚，喜对芸编在案头。驰马射獐近豪放，澹思有藉此优游。

## 裕性轩　乾隆二十八年（一七六三）

几席有余清，春风暂驻旌。马嘶墙外草，翚焕屋间甍。稽古遥怀托，居今静趣生。玉兰犹未放[一]，小忆昔年情。

原诗注：[一]庭中玉兰甚古，昔曾有诗。

## 题裕性轩　乾隆二十九年（一七六四）

裕性昔轩墀，每来爱憩迟。庭无新卉植，架有旧书披。晰理惟格物，践行在克私。乐群斯敬业，蓦忆少年时。

## 澹思书屋　乾隆二十九年（一七六四）

量地得斋小，非希安膝容。图暄依牖朗，避冷下帘重。

堇遇三余乐，东方一帙逢。澹人思虑者，宜最是清冬。

## 陶春室

乾隆二十九年（一七六四）

小春方过新春远，代谢谁能问大挠。一室漫言无长物，几多生意个中陶。

## 咏裕性轩前玉兰树

乾隆三十二年（一七六七）

玉为体质兰为馥，风韵偏饶秀且森。三十年前春色在，对花那是去来今。
傥然来值傥然开，一树庭前万玉皑。不是前身是江令，安能顷刻办斯哉。

## 澹思书屋

乾隆三十二年（一七六七）

裕性斋傍屋，斯惟小胜之。犹嫌十笏阔，恰置一窗宜。
外景亦非远，中情雅得怡。芸编供枕藉，总是澹思时。

## 陶春室 乾隆三十二年（一七六七）

嫣红姹紫意方豪，静室盎然值此遭。欲问此前司化者，昌昌春色作何陶。

## 古秀亭 乾隆三十二年（一七六七）

曲廊角有亭，亭迴廊级登。都无十余步，俨具高下形。
培塿孰卑低，泰山孰棱嶒。安名与立字，总属人呼称。
何当去言诠，澹然无外营。古亭秀而野，坐此悦性灵。

## 驻跸新衙门行宫作 乾隆三十六年（一七七一）

行宫向平楚，驻跸颇称便。独坐斯几暇，相违忽四年。
梅茶新景物，风月旧诗篇。结习原思去，笑惟此未蠲。

## 古秀亭 乾隆三十六年（一七七一）

额是今名亭古秀，名虽今额亦多年。庭中乔木不知古，老干槎枒影渐迁。

## 陶春室 乾隆三十六年（一七七一）

逐处有书帏，余闲适静依。窗明因坐久，题少以来稀。
盆只熏红瘦，庭迟涨绿肥。甄陶春意始，犹胜赏芳菲。

## 澹思书屋 乾隆三十六年（一七七一）

书屋芸编此重披，片时坐忽自成嗤。适才驰射平原者，岂合于斯言澹思。

## 裕性轩有感 乾隆三十六年（一七七一）

忆昔此文轩，猎余故课温。那称梨枣让，相勖礼诗敦。
淑景今朝又，流阴逝水翻。偶然思话旧，却复向谁言。

## 新衙门行宫即事 乾隆三十八年（一七七三）

新衙门是旧行宫，向远虚明驻玉骢。入室图书自清閟，补槐枝叶已菁葱[一]。

今何今也昔何昔，月亦月而风亦风。蒿目民艰图不易，羞称必世只惭躬。

原诗注：［一］向于此有补槐之作。

## 裕性轩 乾隆三十八年（一七七三）

人性善犹水就下，裕之则近激之戕。子舆书自幼曾读，今日才明告子章。

## 新衙门行宫作 乾隆三十九年（一七七四）

平郊间断麦苗青，缘此索教猎骑停。无事轻舆言至早，有怀虚室坐来馨。
琴书静好通倪管，花木清真悦性灵。一宿明当旋御苑，又违六日侍慈宁。

## 驻跸新衙门行宫作 乾隆四十一年（一七七六）

小猎平原罢亦速，重来古屋憩犹便。盆花庭树自今日，逝水过驹已昔年。
内圣外王均我责，修身理世愧前贤。抚笺遗暇吟七字，付与虚斋傍旧篇。

## 陶春室 乾隆四十一年（一七七六）

书斋清远尘，来驻仲之春。编简都依旧，柳桃已报新。
因知化工妙，更切体元仁。蒐骑平原待，偶为底事频。

## 澹思书屋口号 乾隆四十一年（一七七六）

少时恒此读芸编，思虑无纷诚澹然。今日思艰那语澹，副名只有别经年。

## 古秀亭 乾隆四十一年（一七七六）

突兀当亭峙古柯，春来新叶未抽科。个中意趣秀无尽，岂在菁葱满树罗。

## 题裕性轩 乾隆四十一年（一七七六）

性近人生初，能率斯称道。是轩额裕性，命义诚云好。
有余之谓裕，廓然祛急躁。虚受应物来，静守谢私扰。

所见实如斯，全斯勉探讨。

## 裕性轩前玉兰盛开未谢因而有咏 乾隆四十一年（一七七六）

玉想丰姿兰想芬，留余香色亦堪欣。庭前观象玩硕果，花下联吟忆乐群。驹隙风光过稔冉，蜂衙午晚尚殷勤。输他木笔辛夷占[一]，本是同根品自文。

原诗注：[一]辛夷紫色，号木笔，接植则花白为玉兰，而花朵原一样也。

## 二月廿四日恭迎皇太后驾至新衙门行宫喜而成什

乾隆四十一年（一七七六）

撰吉并因俟候暖，风舆兹日始迎来。今年二月如三月，万寿昌哉更炽哉。陆辇水舟奉体适，衢歌巷舞博颜开。定知益算绵绵者，祝嘏将遵泰岳回。

## 新衙门行宫晚坐 乾隆四十一年（一七七六）

郊劳明当宿广阳，取程此近驻徜徉。略思少日斯文课，那计今朝我武扬。

土润香生苔砌净，雨沾籁拂夏衣凉。不殊插架邺侯轴，却愧无闲校缥缃。

## 新衜门行宫作 乾隆四十五年（一七八〇）

衜门旧矣尚称新，明季于斯驻内臣。孰谓名当逊乎实，试看假乃胜其真。岁时聊以识庚子，诗句奚堪阅丙申[一]。此去西陵叩七秩，来年庆典那由陈。

原诗注：［一］丙申四月东巡，奉圣母曾驻此，题什宛在壁，追忆不胜凄感。

## 新衜门行宫杂咏书怀 乾隆四十七年（一七八二）

团河大段阅疏宣，回跸于兹驻宿便。四壁多存奉銮句，不禁举目便凄然。小猎顺途于夹墙，夙称跧兔富之场。马徐弓软偶一中，回忆当年愧不遑。大阅戊寅画像斯，据鞍英俊俨须眉。而今下马入斋者，白发相看疑是谁。南苑往来难数计，古稀欲罢未能犹。习劳肄武垂家法，自我勤为敢或偷。

## 新衙门行宫作 乾隆五十三年（一七八八）

小猎旋收有底忙，行宫憩息趣犹长。驰驱筋力嫌他懒，宵旰精神幸自强。
庭树又看今日景，砌花不是少年场。读书习射胥陈迹，剩得拈成字几行。

## 裕性轩忆旧 乾隆五十三年（一七八八）

少年于此地，习射复攻书。望道犹未见，诘戎兹更疏。
向惟霜鬓耳，今乃雪须诸。惟是性无好，迩来并裕如。

## 陶春室 乾隆五十三年（一七八八）

春自昌室外，此室称陶春。春岂室所陶，题额涉奄云。
而吾更思之，春室了难分。譬之方寸间，物我宁殊伦。
推此胞与怀，春台共闾阎。是则陶之意，室共物我均。

## 古秀亭　乾隆五十三年（一七八八）

四柱限地势，十笏犹未至。曲转接两廊，聊尔为点缀。
居然以小胜，几上芸编置。随分看一卷，其中无限味。

## 澹思书屋　乾隆五十三年（一七八八）

步来曲折得深沈，暇以居安静以吟。五十年前读书处，澹然思视昔犹今。

## 乘轻舆至新衙门行宫作　乾隆五十五年（一七九〇）

润溽平原路弗赊，轻舆片刻至新衙。非同塞外雪峰陟[一]，聊罢泥中猎骑遮[二]。
岂不蒐苗心尚喜，其如支屈力无加。自惟方寸勿迁者，终始悯农念敢差。

原诗注：［一］向年木兰围中虽遇雨雪，驰猎如故，每有诗。［二］南苑率有小猎，昨日雨后途中未免泥泞，侍臣请罢猎，遂亦从之，然实因长年矣。

## 题裕性轩 乾隆五十五年（一七九〇）

性诚欲其裕，裕性亦云难。两字从来额，八旬尚愧看。
无私庶几近，有冀那能宽。南渥北犹未[一]，愁眉仍旧攒。

原诗注：[一] 十三日，南苑自子至辰得雨颇为沾足，并据总督梁肯堂奏，是日涿州得雨六寸；按察使阿精阿奏，是日保定省城得雨五寸；总兵缊布奏，西陵风水周围，是日得雨四寸；盐政穆腾额奏，天津是日得雨四寸。是此次之雨，畿南可称普遍，惟留京王大臣奏，北红门至京城仅得雨二寸，圆明园仅得雨寸许，尚未深透，殊为廑念。

## 澹思书屋口号 乾隆五十五年（一七九〇）

年老率频忆旧时，旧时景故去如驰。即今望雨增惆怅，此思谁能令澹之。

## 新衙门行宫即事 乾隆五十九年（一七九四）

夜雨朝晴广甸披，清和景恰谢家诗。不施猎骑妨生意，亦以耋场殊壮姿。
适可目游野连净，得教心与物同滋。壁间题句新还旧，自顾无非自愧时。

## 新衙门行宫晚坐 乾隆六十年（一七九五）

昨缘途便东宫驻，今合西宫一宿宜。不必平原重试马，亦因麦黍起耕时[一]。旧题诗句眸惭阅，新值景光绪触披。却以剿苗翘望捷，拈毫佳兴致艰迟。

原诗注：［一］昨日进南苑，驻旧衙门。沿途试猎，虽弓力稍减，而发矢尚觉如常。今日移驻新衙门，路便亦可小猎，但以八十有五之年，原不必复以骑射见强，且新耕并兴，未可蹂践，遂命止之。

## 新衙门即事 嘉庆十年（一八〇五）

衙门新旧溯前明，政付貂珰肆横行。国事不纲遂紊乱，太阿旁落渐纷更。永怀殷鉴弥兢业，顾畏民喦竭敬诚。安益求安图郅治，殚心极序凛持盈。

## 裕性轩 嘉庆十年（一八〇五）

天性禀良知，毋为外诱移。养心处澹泊，遇事免迟疑。仁义随时付，坚刚永自持。瞻楣阐精奥，内省蕴深思。

## 西红门小猎遂至新衙门 嘉庆十二年（一八〇七）

朝曦渐上远林东，晃朗旌旗芳甸中。狡兔绝尘鹰掠地，惊獐掣电马跑空。
习劳典旧思承训，示则身先念诘戎。昔驻三旬今四日，时移境异岂能同。

## 新衙门怀古自警 嘉庆十五年（一八一〇）

天道视人主所为，太阿岂可令倒持。前明中叶任宦寺，作威作福国日危。
盗贼流毒弗闻见，群小朦蔽宗社移。新旧衙门内官设，名存其故法戒垂。
君临六合首勤敬，怠荒耽逸患即随。劳心图治勿懈忽，殷鉴不远曷慎思。

## 裕性轩 嘉庆十五年（一八一〇）

性功自琢磨，好问斯能裕。宅心首安仁，进步循义路。
操存舍则正，潜修戒驰骛。旷览古与稽，择善守之固。
隆替在人为，事业简编具。探讨勉力行，实践岂虚慕。

## 陶春室

嘉庆十五年（一八一〇）

书室思尘迹，云烟驹隙看。性灵偶陶写，清画畅盘桓。
十笏临阶敞，半床容膝安。春光喜和盎，逸兴寄毫端。

## 裕性轩

嘉庆十七年（一八一二）

古籍帝王师，披寻治功具。玩味兼讨探，所学岂章句。
识见欲扩充，临事知先务。顺逆任人为，何喜又何怒。
发现致中和，庶几合尺度。存养臻自然，性灵渐安裕。

## 裕性轩

嘉庆十八年（一八一三）

性功自操存，谨守归尺度。古籍良法昭，殚思益饶裕。
不为事机先，应感随所遇。天和养清明，气志弥坚固。
坐照靡弗遗，聪听善言慕。旧学时控寻，持心戒驰骛。

## 澹思书室 嘉庆十八年（一八一三）

明志存神澹泊宜，静能致远事功随。治民从欲四方顺，循则安常勿妄思。

## 陶春室 嘉庆十八年（一八一三）

青阳舒畅遍甄陶，春日迟迟旭影高。十笏安身观物候，待敷甘泽润兰皋。

## 新衙门即景作 嘉庆二十年（一八一五）

春原小猎试龙媒，日丽风和净薄埃。早驻行宫勤政务，遵循勿懈道兼该。
衙门名袭前明旧，污迹虽除凛鉴观。官吏公清屏私欲，正途顺典庶民安。

## 澹思书室 嘉庆二十一年（一八一六）

政务虽繁庶，掺存平澹思。虚明方有获，沉着体无为。
物欲须时克，仁和勿暂移。守成戒妄作，旧学助新知。

## 陶春室　嘉庆二十一年（一八一六）

丽景满南苑，平添诗兴豪。三春资发育，万汇荷甄陶。
砌柳织青缕，庭松漾翠涛。欣逢时雨洽，新润及兰皋。

## 春望楼　嘉庆二十一年（一八一六）

楼倚宫墙拾级高，屡窗静憩俯平皋。青含宿麦抽新颖，碧洽垂杨拓旧条。
暖挹窗楹辉绮旭，润敷畿辅沃甘膏。诘朝跸启卢沟渡，延瞩芳郊续染毫。

## 春望楼歌　嘉庆二十二年（一八一七）

飞放泊百六十里，明季始名南海子。我朝习武每岁来，岂为游观纵奢侈。
层楼凝眺永昼佳，甫田二麦碧颖皆。省耕可兆岁功美，敬愿时和旸雨谐。

## 春望楼　嘉庆二十三年（一八一八）

小楼远景延，杰出宫墙上。暖旭欣舒融，惠风倍和畅。

北牖俯芳原，佳日宜春望。苤麦已青青，陌柳丝皆放。
含生待新皋，雨足泽无量。省耕启征鞍，天工敬时亮。

## 澹思书室　嘉庆二十三年（一八一八）

几务万殊至，理繁先澹思。存心养静谧，遇事免纷驰。
念典常磨练，执中善措施。镜辉时涤洗，屡照不形疲。

## 陶春室　嘉庆二十三年（一八一八）

小窗曲院聚芳春，茶熟香清坐锦茵。陶写性情惟翰墨，芸编温故可知新。

## 春望楼　嘉庆二十四年（一八一九）

兰皋小猎束櫜鞬，策驌习劳教子孙。驻辔觐官理庶政，一心静应万几繁。
政暇登楼望远春，翠萦陌柳染轻匀。诘朝鞭指丰台墅，应候百花云锦陈。

## 春望楼晚眺

道光三年（一八二三）

灵囿风光无限好，况逢过雨暮春天。层楼闲凭林泉静，沃野平看景物妍。
归雁字横青汉外，斜阳光映远峰巅。更欣麦色连畦绿，遐迩心祈报有年。

## 春望楼远眺

道光六年（一八二六）

胜地何分春与秋，秋来远眺倍清幽。端因习武聊开猎，岂为舒怀一凭楼。
南苑烟霞超象外，上兰风景触心头。惟廑畎亩稀沾渥，宿麦逾时播种不。

## 春望楼晚眺

道光八年（一八二八）

春望望春春已深，十分春色满芳林。侵晨小雨长空净，向夕浓云四野阴。
指点烟村聊寓目，追维清跸暗伤心。风光宛尔时光易，习猎虽同昔异今。

## 春望楼

道光九年（一八二九）

过雨宜春望，凭栏眼界宽。西峰如画里，白塔俨云端。
沙际杨拖绿，池边杏吐丹。阴阴夕霭晻，野旷尚余寒。

## 春望楼

道光十年（一八三〇）

敬感时和协雨晴，层楼眺望畅心情。平畴泽渥真宜麦，长亩滋深正可耕。
雾散春林村远近，云消遥岭日光明。尘消路坦堪行猎，一览神皋万象清。

# 南红门行宫

编者按：南红门行宫，又称南红门衙门、南衙门、南宫，位于现北京市大兴区南宫村西北部，南红门遗址以北，晾鹰台遗址以南，为清朝帝王于南苑巡幸、行围、阅武驻跸的重要场所。

行宫为东西两组建筑群，东侧建筑群称南宫旧宫，至迟于康熙十七年（一六七八）已存在，西侧建筑群称南宫新宫，建于康熙五十二年（一七一三）。后世历朝各有简单添建修补。道光二十六年（一八四六）撤去南宫内所有铺装陈设，只留苑户看守。

南红门行宫为南苑行宫体系的重要一环，多作为皇帝于晾鹰台阅武前的驻跸之所，同时承担南苑大阅的后勤保障工作，也是皇帝巡幸京畿、天津、山东等地时途径南苑、出入南红门的必经之所。

行宫分新旧二宫。新宫位于西侧，格局较大，分西中东三路。中路主要建筑有大宫门、二宫门、芳甸怡春、颐和书室、景湛清华；东西路为附属建筑，其中西路有畅远襟轩，乾隆帝于此题诗四首，『朴斫书轩静以深，晚风小坐试清吟』，赞其朴素幽静之美。旧宫位于东侧，格局较小，分西中东三路，中路主要建筑有宫门、大殿、后照房，东西两路为附属建筑。

光绪二十六年（一九〇〇），八国联军洗劫南苑，南红门行宫被焚，现已无地面遗存。

## 秋夕于南红门行宫对月有作

乾隆七年（一七四二）

去岁龙沙试秋狝，关山月色闲吟遣。今宵桂魄还分明，离宫照我无限情。
谁知几缺复几圆，暗换今年与去年。去年月即今年月，何必视昔空怅然。
白露瀼瀼衣袂冷，倚楹相对忘怀永。

## 南红门池上作 乾隆九年（一七四四）

轻冰方解冻，渺渺春波活。烟收界远天，一泓沧池阔。
尚无蒲苇丛，例有鲦鲤鱍。似欣风日恬，出水弄素沫。
不垂钩曲曲，不施罛濊濊。鱼亦知我意，泳游不惊拨。
渚禽语明镜，兰茝堪采掇。濯清喜沧浪，心与川云豁。

## 南红门行宫迭旧韵 乾隆九年（一七四四）

昔曾分付月多情，照我今宵轩槛清。未必较前诗思减，不妨如是道芽生。
篆凝芝字檀烟细，焰剪琼葩玉檠明。古寺疏钟林外度，七条披处悟交横。

## 南红门池上咏 乾隆九年（一七四四）

昔来池上游，春日方载阳。今来池上游，蒹葭已苍苍。
逝者诚如斯，因悟往未尝。吹波鲤鱼风，垂垂蓼影长。
渔歌起烟外，鸥波潋河梁。清浊谁致然，有怀彼沧浪。

## 读书 乾隆九年（一七四四）

漫道为君兼作师，学犹未逮愧心知。试看今古俱陈处，如与圣贤相对时。
两字力行谁得到，一编为伴岂能离。行宫把卷忘言说，又见疏阴窗外移。

## 南红门外 乾隆九年（一七四四）

不到红门外，于今过十年。村墟曾不异，蕉鹿信如然。
古塔云中矗，疏篱柳外连。聚观纷老幼，关切却殊前。
榆柳含烟翠，桑麻带露稠。蔓棚迷晚蝶，樊圃卧闲牛。
闾静知无盗，田多幸有秋。相逢农父问，家室得安不。
轻衫切晓凉，炊火起遥庄。红日一鞭暖，绿郊十里强。
圃场欣少隙，铚刈岂辞忙。祈岁长年愿，凭观乐未央。

## 南红门池上作 乾隆十一年（一七四六）

沍凌才解春水生，水面鱼儿试冷行。杨柳倒影梳风轻，乍似藻荇纷交横。

我来池上消清暇，静观飞跃参元化。犹怜皲瘃罢水虞，藏罟置革两无藉。

## 南红门外 乾隆十五年（一七五〇）

轻烟澹沲低村树，平原迤逦青春曙。阅河事罢命回銮，南苑经临兹取路。莱畦花圃带郊垧，物土耕桑随意度。民风墟里宛在忆，是我少年行乐处。耳后生风逐狡兔，弯弓向云落孤鹜。而今珍重久不为，饶有先忧胜于故。

## 南红门行宫晚坐 乾隆十五年（一七五〇）

别馆暂闲居，春巡返辔初。重教坐芸室，颇似胜毡庐。铙吹云韶竞，盆花锦绣如。那忘前岁况，秉烛治军书。

## 南红门行宫晚坐 乾隆十八年（一七五三）

旋跸临南苑，行宫憩息便。庭轩信潇洒，书史足周旋。窗纸今宵朗，壁题前度悬。治平何所就，睫眼又三年[一]。

原诗注：[一] 不到南苑者，盖三年矣。

## 南红门外 乾隆二十年（一七五五）

阅河回跸有余暇，南苑经过取便途。澹爱轻烟泮远树，香生浓露湿新芜。
试马常年猎野坰，宣传今日得教停。羽林莫讶耽闲懒，为惜连村麦陇青。
杏红李白柳青丝，黄鸟缗蛮语亦奇。春色春声饶野趣，垂鞭佳处意为迟。

## 南红门行宫晚坐 乾隆二十年（一七五五）

春宵方澹荡，春月亦娟妍。行宫虽数宇，俯仰足安便。
澄怀对今夕，遐心忆昔年。数漏炷名香，翻书课芸编。
澄怀观道妙，如亲古圣贤。

## 南红门行宫作 乾隆二十八年（一七六三）

稍加修葺落成歌，走马来停阅若何。既弗听其就颓圮，亦无能此久延俄。
因思闲者率应少，大抵愁生所欲多。试射门前悦仁祖，养风四十一年过。

## 畅远襟轩 乾隆二十八年（一七六三）

诡石弗罗墀，纵观雅得宜。盆花仍焙蕊，树叶未抽枝。
适才临春仲，无过坐片时。远襟付谁畅，虚室不言知。

## 南红门行宫作 乾隆三十六年（一七七一）

顿移不卅里而近，一就行宫一憩慈。便亦平原试小猎，到犹桑野未中时。
非他缀景还如画，无别怡情间赋诗。台迥晾鹰张武帐，奉观殪虎博颜怡。

## 题畅远襟轩 乾隆三十六年（一七七一）

古屋额题畅远襟，岂非墙宇岂山林。静观略悟其中趣，不在境由来在心。

## 南红门外 乾隆三十六年（一七七一）

两朝小猎驻行宫，咫尺原如御苑同。今日轻舆真就道，南红门外送群工。

迤逦烟郊枣栗稠，小民生计自为谋。地方大吏来迎驾，先问潦乡安妥不。
沙冈芜野敞而平，亦有纵横兔迹行。曾是少年驰猎处[一]，方春生长罢虞旌。

原诗注：[一]南红门外亦有猎场。

## 至南红门驻跸作 乾隆三十六年（一七七一）

启程经此返仍居，谒圣祝慈悃毕摅。东国田功真庆彼，南畿农计顿愁予。
十朝了识虽堪待，一刻为怀亦不纾。饶是旧吟粘素壁，会心宁有忘其初。

## 至南红门行宫作 乾隆三十八年（一七七三）

南苑由来禁苑同，向惟三处建行宫。依常理事宣部院，以暇合围御矢弓。
有数轩楹资憩息，无多花柳亦春风。少年景况如昨日，白发云何点鬓丛。

## 题畅远襟轩 乾隆三十八年（一七七三）

朴斫书轩静以深，晚风小坐试清吟。翕河观淀胥葳事，回忆居然畅远襟。

## 南红门行宫 乾隆四十一年（一七七六）

向南行馆朴无文，路近驻便亦可欣。每以旧居生缱绻，便教新得验尊闻。
盆芳朵绽盎春气，庭树柯高静夕曛。经此率因东道主，平原猎骑底须勤。

## 畅远襟轩口号 乾隆四十一年（一七七六）

曲室回廊四面围，循名轩额似相违。畅怀近远宁因此，笑属多言辨是非。

## 南红门外作 乾隆四十七年（一七八二）

南苑行宫逐顿移，东巡今日信遵逵。红门外便烟村接，历览农桑兹始之。
秋麦已长春麦萌，不教猎骑躏纵横。柳围村识青云店，忆我少年觅句行。
凤河一再渡桥捪，荡漾浑流每借兹[一]。设使不为之字绕，清波直泻虑无遗。
大兴县境接东安，儒仕耆民载道欢。绞缚彩棚由贺祝[二]，得无程督地方官。

原诗注：［一］凤河发源于海子内之团河，下流与永定河汇，荡涤沙浑，同由大清河入海，是凤河实永定关键。向以年久淤塞，因出内府帑金，饬加挑浚，俾得畅流。迩年颇资其力，又以旧河势直，恐其一泻无遗，令作之字形，使其曲折而下。〔二〕启程前原降旨，不令地方官陈备戏棚。兹因红旗报捷，绅士各于本境结小彩亭，申贺喜祝寿之意。周元理奏，地方官并亦不能禁也。

## 南红门行宫作 乾隆四十七年（一七八二）

南苑前秋〔一〕未至兹，兹来取暇跸教移。无过一宿便当去，暗数六年〔二〕有所思。
旧日承欢那重得〔三〕，他时归政且奢期。成吟掷笔付一笑，纪事聊摹老杜诗。

原诗注：〔一〕庚子。〔二〕丙申至今，又六年矣。〔三〕丙申奉圣母慈驾东巡，来往皆驻南红门行宫。旧诗有『庆因定西旅，恒是奉东朝』之句。

## 南红门行宫对雪 乾隆五十一年（一七八六）

昨日云而霾喷土，望雪侵寻成望雨。入夜澄霁晓复云，踊惧作风风未吐。
云渐深沉气润溽，为雨固佳雪仍可。自辰集霰一两零，遂飘玉花铺平楚。
瀌瀌时密亦时疏，历午达申势益鼓。行宫坐对至酉牌，势将入夜泽其普。
慰哉复虑慰邻骄〔一〕，一端可见君难语。

原诗注：［一］近日正望雨雪，适接特成额报雨，志事诗有云，『或因腊雪佳，慰以忘勤惩』，盖因去岁冬腊之雪深透，或予庆慰过甚，而因弛敬念，以致今春靳泽乎？昨日自辰至酉，密雪优沾，于午未时尚不敢成此什，恐泽未足而慰邻骄也。直至酉末，斸土视之，润及五寸，乃援笔得句，以不可不识此雪耳。

## 南红门行宫晚坐　乾隆五十三年（一七八八）

行宫即禁苑，憩息久安愔。岁月堂堂过，诗题历历吟。
昔时阅景幻，皇祖沐恩深。敬念承殷顾，敢忘赤子心。

## 南红门行宫晚坐　乾隆五十五年（一七九〇）

一睫两载眼［一］，八义五字哦。昔今真是幻，忧乐亦云多。
已过细常检，祖恩忆不磨。看云晚霁净，对月叹如何。

原诗注：［一］戊申自天津回銮驻此，瞥眼已阅两载。

## 南红门行宫晚坐迭庚戌韵

乾隆五十九年（一七九四）

孰谓行宫坐，竟如昔岁哦[一]。望霖依例是，抚节觉忧多。

二麦知失定，一心愁那磨。戌年幸夜雨，不寐想维何。

原诗注：[一]庚戌行宫晚坐诗有『看云晚霁净，对月欲如何』之句，孰谓此来望雨情景，竟尔相似，惟愿今日夜间亦如昔岁，得有澍雨，实为至幸，转辗萦思，益深迫切。

## 入南红门迭庚戌年韵

乾隆五十五年（一七九四）

庚戌甲寅五载遥，巡津例复望霖焦[一]。匆匆此日如昔日，忽忽今朝与昨朝。

那有一心问景也，虑无七字纪时聊。晾鹰台近观殪虎[二]，诘武敢忘述祖尧。

原诗注：[一]庚戌春日天津回跸时，正值望雨。今已阅五年，盼泽情形，又复相似。但庚戌四月十二日，驻南红门行宫，即于是夜得雨四寸。若今日晚间亦得，如彼时仰邀昊贶，优赐甘膏，则欣慰感激之忱，益深庆幸矣。[二]昔年皇祖每于南苑殪虎行围。予年十二时即随侍，教学火枪，指示发机视准，越今七十三年，事如在目，恒不敢忘恩眷。今日自桐柏村至此，驻跸尚早，因于膳后乘骑至晾鹰台，驻马观虎枪侍卫等殪二虎一熊。其一虎逸出，有三等侍卫温纯追及，用枪毙之，即擢为头等侍卫，并赐黄褂，旌其奋勇。其别殪一虎，首先施枪之骁骑校西郎阿，亦加赏缎疋银两，以示劝焉。

## 南宫晚坐 嘉庆十五年（一八一〇）

南苑极南地，朴淳屋数楹。林含斜照绚，檐接晚风轻。
沦茗生诗兴，观书察世情。回思昔年事，心与暮云平。

## 南红门行宫晚坐 嘉庆十七年（一八一二）

海子极南地，答阳行殿开。春和蕃卉木，风定净尘埃。
夕照在高柳，新花映旧苔。收围息征骑，诗茗作清陪。
大典躬临莅，诘戎际世雍。八旗连队众，万帐列营重。
练日全娴熟，宣威倚折冲。和门陈羽卫，乐奏壮军容。

## 颐和书室 嘉庆二十三年（一八一八）

昔年书室额颐和，新建轩庭叶有那。地异山庄旧居处，境开南苑始游歌。

惠风指槛林阴漾，暖旭辉阶花影过。静挹化源涤尘念，典谟奥旨细研摩。

## 旧衙门行宫

编者按：旧衙门行宫，又称旧衙门、旧宫、东宫，位于现北京市大兴区东北部，为清朝帝王于南苑巡幸、行围驻跸的重要场所。行宫原为明朝南海子旧衙门提督官署，清顺治朝改建为旧衙门行宫。乾隆朝将其规模扩充为西中东三路，后世历朝各有添建修补。

旧衙门行宫为南苑行宫体系的重要一环，是清帝于南苑使用最多的一座行宫，多作为皇帝入南苑巡幸、大阅的第一站，其一层殿题额『阅武临时』即叙述此意。旧衙门行宫也是皇帝巡幸京城以东，进行谒东陵等活动途经南苑，出入东红门的必经之所。

旧衙门行宫在乾隆朝扩建后最为鼎盛，格局宏大，中路主要建筑有大宫门、阅武临时、二层殿、爽豁天倪、清溢素襟，后设花园；西路主要建筑有皇后宫；东路主要建筑有阿哥所、太后寝殿、天岩云秀、蔚榆书屋。蔚榆书屋为皇子读书之所，乾隆帝于此题诗十四首，诗中写道：『少小徘徊今耄耋，阅同七十又三春』，叹时光荏苒，怀往事悠悠。

民国时期旧衙门行宫被拆毁，现行宫遗址已不存。

## 荫榆书屋作[一] 乾隆九年（一七四四）

我昔读书时，对榆写襟怀。我来读书舍，榆树依然佳。
何人手种植，绿阴满空阶。抚兹重盘桓，不肯易以槐[二]。
春风韵谡谡，秋月影皑皑。罨窗纱绿绿，栖鸟鸣喈喈。
占此书屋幽，安得常汝皆。

原诗注：[一]荫榆书屋，南苑旧行宫内曩时读书舍也。佳荫满庭，绿窗半榻，邈然有怀，率尔成章。

[二]见《唐书·吴凑传》。

## 旧衙门行宫迭壁间春晓之作 乾隆九年（一七四四）

参差绿影到书帷，秋半何如春晓时。即景忽忘原是我，赓题试道复为谁。
傥来生意菊含蕊，适去韶华花谢枝[一]。却哂未能离结习，吟义犹自镇敲诗。

原诗注：旧句『花色才添四五枝』。

## 荫榆书屋迭旧韵 乾隆十一年（一七四六）

树以古益奇，有如诗客怀。老榆经百年，扶疏高且佳。
松柏堪友朋，藤萝失梯阶。徘徊苍干阴，讵似仲堪槐。
新月届上弦，流光寒以皑。照眼芸编青，啅影春禽喈。
因欲问素娥，盈匡曾几皆。

## 荫榆书屋作 乾隆十四年（一七四九）

地僻一室幽，春深满院碧。生机老益坚，麤皮古而泽。
我来对贞干，拂我琴斋席。窗外美影疏，庭前吟籁剧。
别我曾几度，风月等过客。兴会发今宵，景光缅畴昔。

## 荫榆书屋 乾隆十五年（一七五〇）

三间白屋绿云天，棐几闲凭读旧编。内圣外王均惘若，寻章摘句尚依然。
鸣因风至常闻籁，买得春归漫费钱。一瞬纸窗朱鸟度，分阴怪底惜前贤。

## 旧衙门行宫即事 乾隆十八年（一七五三）

别殿前头书室连，修文曾记养痾旋。岂知近膝翻成背[一]，尚冀承恩竟永捐。丙舍长眠又隔载，离宫不到已三年。凭参幻梦清宵里，一枕钟声古寺边。

原诗注：[一]朕待皇子等素严，从未假之辞色。惟庚午年，皇长子养疾于此，每温谕冀其痊可，父子之情较切，不谓遂成永诀，驻跸思昔，不禁黯然。

## 荫榆书屋作 乾隆十八年（一七五三）

书屋最怡情，乔枝又向荣。春光对今日，烟意近清明。绿荫苔周砌，白延月上楹。卅年前偶忆，个里一儒生。

## 荫榆书屋晚坐 乾隆十九年（一七五四）

杏朵舒妍兰放馨，洒然书史幔纱青。庭榆影澹月初上，院柳烟浓风乍停。适者戚欣真暂幻，少年俯仰已无形。只余架上芸编在，随意披翻悦性灵。

## 旧衙门行宫即事 乾隆二十年（一七五五）

面势菁葱绿野宽，罣围随处可游盘。庭饶芳毯铺生意，座有芸编结古欢。
昨岁诗情看荏苒，离宫春色又阑珊。问谁结习曾消尽，渐去陈言寄静观。

## 题荫榆书屋 乾隆二十年（一七五五）

书屋三间号荫榆，墨壶琴荐足清娱。无过信宿依然去，似此安能味道腴。

## 旧衙门行宫小憩 乾隆二十三年（一七五八）

别馆向阳开，收围系玉騋。非关问花柳，率欲憩舆儓。
春雨全滋蘖，北寒始放梅〔一〕。小停旋移跸，匪为豫游来。

原诗注：〔一〕是处书室前种梅、竹、苍松。北方寒，向无植梅于地者，近始有之，虽成活，而开花必在二、三月云。

## 旧衙门行宫即事［一］ 乾隆二十八年（一七六三）

别馆驻旌斿，森然古树稠。庭轩去卑湿，翰墨足优游。
潦盛将成圮，年深事重修。絜思杜甫什，不乐只生愁。

原诗注：［一］旧衙门行宫，盖仍明季所有，经百余年，未大修葺。去岁霖潦，漏圮益多，奉宸请内帑重修，焕然一新。

## 荫榆书屋 乾隆二十八年（一七六三）

当庭一树古，叶意欲舒然。老屋仍三架，不来向五年。
有书读无暇，旧句续新篇。绮缛兹应屏，触怀总静缘。

## 旧衙门行宫小憩 乾隆二十九年（一七六四）

幂历野烟凄，朝暾吐尚低。传餐行馆近，礼谒玉台徯。
旧咏从新读，目成触绪题。闲庭乔树古，付与择禽栖。

## 蓢榆书屋口号 乾隆二十九年（一七六四）

书屋重来已来年，坐倾杯茗又鸣鞭。
怱怱似此浑无暇，安得优游读旧编。

## 旧衙门行宫即事 乾隆三十二年（一七六七）

衙门传是建前朝，提督于斯驻竖貂。作我行宫还觉侈，知他国政易沦消。
庭余古树阴犹昔，砌绕新苔色报韶。虚牖已抛三阅岁，蟾光仍此傍清宵。

## 旧衙门行宫即事迭癸未诗韵 乾隆三十六年（一七七一）

东国返巡游，饯春夏意稠。按程近可驻，承庆讵图游。
傍砌新苔润，出檐古木修。少年乐群处，忆故每含愁。

## 蓢榆书屋口号 乾隆三十六年（一七七一）

一树当庭绿影新，百年曾荫古时人。古柯新叶相依倚，不识孰缘与孰因。

## 旧衙门行宫作 乾隆三十八年（一七七三）

流水声中过石桥，行宫柳色近招邀。少年恒此经春日，往事那知鉴胜朝。
今昔闲忙诚迥异，臣民仰望敢逍遥。郊蒐罢试芸斋坐，咨政旋教宣众僚。

## 荫榆书屋口号 乾隆三十八年（一七七三）

一树老榆发叶迟，轴帘仍看挺枯枝。寄言欲速荣华者，曷不思乎耐久斯。

## 旧衙门行宫晚坐 乾隆三十九年（一七七四）

古屋几筵清，几闲静趣生。云铺即望雨，月上又嫌晴。
窗树新来影，檐禽话别声。壁诗一再读，何限昔今情。

## 荫榆书房即景 乾隆三十九年（一七七四）

一株古榆阴满庭，书屋昔日斯经横。设如刮目以相待，犹故吾也增恧情。

乔孔之中落松子，亦看拱把如桐梓[一]。斯有故焉可得言，凡骨欲换金丹耳。

原诗注：[一]榆树上寄生松树一株，今亦拱把矣。

## 旧衙门行宫晚坐

乾隆四十五年（一七八〇）

衙门犹是胜朝旧，提督尔时特弄权。今则行宫偶以驻，适因旋跸即之便。古榆飒沓落秋叶，平野沧凉收晚烟。插架芸编曾熟读，惭为故我只增年。

## 旧衙门行宫即事

乾隆四十七年（一七八二）

庚子壬寅忽隔岁，只如瞬息度高奔。予兹十二侍圣祖，今乃七旬阅众孙。尘世流阴真是幻，胜朝往事漫重论。拈毫新什续旧咏，戛戛难哉陈去言。

## 旧衙门行宫作

乾隆五十一年（一七八六）

春蒐收猎骑，宿顿向平原。本自知熟径，便因憩旧轩。清时作行馆，明季乃衙门[一]。不必其名易，下中鉴戒存。

原诗注：［一］旧衙门乃明季太监提督南海子者所居。其时朝政不纲，致阉寺擅权，营构闳壮，号称衙门，兹仍其旧名，亦足存鉴戒也。

## 旧衙门行宫即事

**乾隆五十三年（一七八八）**

旧衙门作今行馆，胜国纪纲堪溯论。何致貂珰恣炀灶，竟于苑囿建军门［一］。

百年树木松榆在，一瞬光阴窗几存。书屋如将刮目待，人犹故也叵无言。

原诗注：［一］南海子始于元时，曰下马飞放泊。晾鹰台即元之仁虞院。明季于适中处有庑殿，为行宫，今俗呼为吴殿者是，且置提督太监一员、关防一员，又分置东、西、南、北提督四员，今仅存新旧两衙门。

## 旧衙门行宫作

**乾隆五十五年（一七九〇）**

来东当向两而进，却异昔年返御园［一］。南苑途经驻行馆，前朝珰势号衙门［二］。

随缘率可生乾惕，即景那能默语言。年少肄文习武处，耄哉睫眼阅高奔。

原诗注：［一］丙申展谒东陵，旋跸诣畅春园问安。翼日起程，祗谒西陵，俟还跸，至南苑恭奉慈舆巡幸山东。今则径诣西陵，昔年之行，不堪追忆。［二］前朝纪纲废弛，貂珰弄权，乃于南苑置提督太监一员、关防一员，又分置东、西、南、北提督四员，是以有新旧衙门之称。

## 荫榆书屋 乾隆五十五年（一七九〇）

书屋多年号荫榆，荫榆每至每惭吾。婆娑八十成翁矣，修进平生奚造乎。
自觉无能怯揽辔，徒称有兴尚操觚。徜羊一夕消行漏，勿事春蒐早就途。

## 旧衙门行宫作 乾隆五十九年（一七九四）

明季旧珰衙，行宫今觉奢［一］。政衡久经论，几暇憩聊嘉。
望雨思倬汉，流阴迅转车。壁题一再阅，似此率咨嗟［二］。

原诗注：［一］明时设海子提督四员，以太监为之。此即其衙署，规制宏敞，过于奢靡，今因为行宫，犹沿旧称，想见当日貂珰擅窃，真不可问。［二］行宫壁间历年题什，阅之率多望雨之句，可见北方春雨维艰，亦常事耳。

## 荫榆书屋

乾隆五十九年（一七九四）

读书习射时，芸屋宛犹兹。春景往奚若，髫年来者谁。望惟云已聚，渴似雨之垂。树孔寄松柏[一]，忘年友见斯。

原诗注：[一]榆树孔中寄松柏各一，本不知生于何时，今皆拱把矣。

## 荫榆书屋口号

乾隆六十年（一七九五）

衙门称旧斯诚久，书屋题新亦已陈[一]。少小徘徊今耄耋，阅同七十又三春。

原诗注：[一]寝殿左侧旧有书屋，一古榆轮囷盘拿，树孔各生松柏二株，盖数百年物。自予题额，亦越六十余年矣。

## 至南苑旧衙门

乾隆六十年（一七九五）

百里周原眼界清，寒林缺处远山横。驰驱春猎有余乐，感慨秋常无尽情。叶舞西风随荡漾，窗明暖日喜和平。看书习射犹吾素，不觉纷敷境遇更。

## 旧衙门行宫即景　嘉庆元年（一七九六）

十二龄兹八十六[一]，七旬有四此烟光。春风秋月曾无改，意乐心忧曷有常。
外靖内安思昔咏[二]，歼苗平楚致今忙[三]。依然书屋凭窗坐，惭愧人称太上皇。

原诗注：[一]予十二岁时随皇祖至此，今阅七十四年矣。[二]乙巳千叟宴毕，坐重华宫得句，有『内安外靖升平世』之句。兹月正元日，授位之喜，重开千叟宴，由今思昔，转觉恧然。[三]湖南苗匪滋事，虽经福康安、和琳屡战克捷，大加诛剿，并将首恶吴半生俘获解京，而二逆石三保、石柳邓尚未就获。又湖北邪教乘衅，纠众肆逆，虽亦经惠龄将逆首聂杰人擒获，械系解京，其主谋之张正谟尚未就擒。披览驰章，殊劳系念。

## 荫榆书屋　嘉庆十年（一八〇五）

书屋饶清荫，韶光满户庭。盘桓抚嘉树，继述守先型。
念典遵千圣，传心味六经。少年尘迹在，驹隙感无停。

## 荫榆书屋 嘉庆十二年（一八〇七）

庭榆百尺敷清影，碧荚轻盈枝干连。雨露滋培益繁茂，春晖嘉荫万斯年。

## 至旧衙门行宫作 嘉庆十三年（一八〇八）

雨浃郊原润景饶，潞城南下近双桥。朝烟幂历凝平野，西岭巍峨峙远霄。
畎亩滋敷宜举趾，淀津路便偶停镳。衙门遗迹胜朝失，图治常存殷鉴昭。

## 荫榆书屋 嘉庆十七年（一八一二）

书屋中庭老榆树，几百春秋沐雨露。茏葱清荫飏清钱，买得韶华颜久驻。
我考莅止常留题，至今藻采辉云霓。乔枝密荚尚如昔，摩挲古干衷含凄。
回忆少年诸昆弟，每春习猎无虚岁。兹来旧苑境不迁，幼子童孙随羽卫。
嘉树阅历世态深，夭矫远屏风尘侵。相忘荣悴神自固，元圃仙木消凡心。

## 荫榆书屋 嘉庆十八年（一八一三）

老树敷清荫，盘根逾百年。风霜饱深厚，雨露沃贞坚。
映日笼青荚，买春飏碧钱。枝柯益繁茂，雅伴小窗前。

## 行宫晚坐忆旧示诸皇子皇孙 嘉庆十八年（一八一三）

海子始元明，周环百六十。髫岁每春来，奉命弧矢习。
蒐田小队排，兄弟子孙集。较猎共追随，论文相注挹。
家法永昭垂，同堂乐和辑。告我后人知，亲亲大本立。

## 荫榆书屋 嘉庆二十年（一八一五）

老榆欣得地，嘉荫永含新。翠荚益繁茂，青钱常买春。
盘根滋雨露，挺干阅风尘。久沐东皇泽，瀛洲若木邻。

## 进北红门至旧衙门作

嘉庆二十一年（一八一六）

昔年习武三旬住，此日春蒐四宿停。风扬长条柳始碧，烟含薄毯草初青。
时临茂育舒新汇，心勉敬勤守旧型。小队连镳排甸猎，乘黄逐狡向平坰。

## 听雨楼

嘉庆二十二年（一八一七）

旧建书楼四五楹，楣颜听雨署新名。春宜浃洽甘膏透，田望滋培嘉谷生。
爱瞩平原濯柳影，漫聆深巷卖花声。遥看云气笼西岭，慰我授时待泽诚。

## 听雨楼

嘉庆二十三年（一八一八）

循廊拾级缓登楼，百里平原一目收。日绚疏林荫芳甸，雨滋宿麦茁新畴。
敷茵浅澹柔莎衬，拖线轻盈嫩柳抽。远岫云浓积瑶屑，待听琴筑响檐头。

## 听雨楼

嘉庆二十四年（一八一九）

小楼杰出宫墙表，百里平原俯远坰。南苑周环布新绿，西山高下送遥青。

柳丝婀娜垂芳墅，草毯轻匀接野汀。凝望层霄酿云气，滴檐春雨待宵听。

## 旧衙门行宫晚坐忆昔感赋　道光三年（一八二三）

忆昔髫年承训日，驰驱余暇授诗书。光阴过隙浑如梦，慈惠于今尚记初。
触景伤怀悲暗结，朝随暮侍事成虚。兢兢继序恩无极，肄武常经敢忽诸[一]。

原诗注：［一］昔在藩邸时，每岁奉命读书南苑，时习骑射，恭遇皇考行蒐，随侍承欢，备聆谆训，所以绍家法而勖后人，意深且远。兹者春畋应候，重履旧游，触景追思，不胜今昔之感矣。

## 旧衙门行宫侍皇太后膳恭纪　道光三年（一八二三）

停跸离宫半日闲，层楼高敞悦慈颜。平临大野青无际，北望皇都壮可攀。
碧柳红桃烟雾外，三台双树水云间。初承色笑春晖永，长此安舆侍往还。

## 旧衙门即事　道光八年（一八二八）

有明粃政在权珰，附京开衙势披猖。直以提镇为儿戏，嗟哉朝纲尚何望。

操防拱卫在于是，堪笑堪凛亦堪伤。我朝弧矢威天下，敬仰居安不武忘。
天家幼龄习射猎，钦守鸿规永为常。一言要领勿更替，国俗勤俭训诫煌。
诞告后人时兢惕，皎然殷鉴可无防。

## 季秋小猎至旧衙门得句

道光六年（一八二六）

飒飒西风秋气清，弯弧逐鹿马蹄轻。巍然远望高台迥，扈跸承欢暗怆情。
迷离草色半青黄，骑展平芜散野香。指点疏林环碧沼，昔年驰骋讵能忘。
别殿分来新旧宫，柳垂广陌认西东。泬廖一色舒遐瞩，肄武寻时省厥躬。

## 团河行宫

编者按：团河行宫位于现北京市大兴区南苑西南部，占地约四百亩，宫墙周长约两千米，是南苑四座行宫中占地面积最大、营建内容最丰富的一座行宫，也是清帝巡幸、谒陵途经南苑的重要转换节点。

乾隆四十五年（一七八〇），乾隆皇帝以『养源清流，通流济运，扶农除患』的治水理念，挑挖团河，治理永定河水患。团河行宫的营建，正源于此次治水。《团河行宫作》诗注中写道『既经疏浚，因于傍构筑数宇，以供临眺』。行宫于乾隆四十一年（一七七六）开工，乾隆四十四年（一七七九）竣工。

团河行宫分为东、西湖区，东湖区又分为宫廷区和东湖景区。宫廷区包括西、东所两路，共三进院落。东西湖区有大小湖泊各一，湖边筑石为岸，碧波树影与其中建筑相映成趣。乾隆帝曾将璇源堂、涵道斋、归云岫、珠源寺、镜虹亭、狎鸥坊、漪鉴轩、清怀堂列为团河行宫八景，并题有御制诗，或咏景，或抒怀，或明志。

光绪二十六年（一九〇〇），八国联军侵入南苑，大肆破坏。抗日战争时期，南苑又遭到日本侵略者袭击，行宫被毁灭，现仅存御碑。二十世纪八十年代，北京市政府将翠润轩、御碑亭修葺一新。二〇〇四年十月，团河行宫正进行复建工程，主体建筑群已建成，但行宫东南角部分被压在了现代围墙和公路下，现已不存。

## 过团河

康熙二十二年（一六八四）

远水团沙白，温风绝塞收。三星流火夕，已拥翠云裘。

## 团河行宫作　乾隆四十五年（一七八〇）

团河本是凤河源，疏浚于傍筑馆轩。断手三年未一到[一]，临看此日识长言。
非关疏懒身无暇，惟爱朴淳志弗谖。流出清波刷浑水，资安永定意斯存。

原诗注：[一]团河出南苑墙，酾为凤河，又东南流，资涤永定河之浊，由大清河归海。既经疏浚，因于傍构筑数宇，以供临眺。惟登览无暇，故工成三年，兹始因路便一到耳。

## 涵道斋有会　乾隆四十五年（一七八〇）

斋建书堂后，临池俯澹然。因之额涵道，遂以凛临渊。
讵曰羡鱼谓，亦思愿治焉。贤良策虽读，敢易视更弦。

## 鉴止书屋　乾隆四十五年（一七八〇）

结构率临池，是处富于水。璇源言其实[一]，涵道言其理[二]。
书屋别一曲，爰名曰鉴止。动实滥于面，止乃彻其底。
彻底鉴斯明，孰能混臧否。偶来俯空澄，心境两清美。

不波胜其波，有鉴谓多矣。

原诗注：［一］堂名。［二］斋名。

## 团河行宫作　乾隆四十七年（一七八二）

庚子于斯一度经［一］，兹来信宿跸应停。落成则已数年阅，题句那辞七字宁。何必盆头花弄紫，即看墙角柳含青。因疏泉遂辟行馆，知过论中早自铭［二］。

原诗注：［一］团河行宫工成后，庚子秋路便始一经临，有『断手三年未一到，临看此日识长言』之句。［二］近岁因南苑水源未畅，命加疏浚，以期通流济运。其团河一支，则酾为凤河，又东南流，资以涤永定河之浊，复由大清河归海。疏治既成，因于其旁构筑行馆，以供临憩。昨岁《知过论》中所云『南苑工作』指此。

## 涵道斋　乾隆四十七年（一七八二）

湖水涵清漪，湖斋号涵道。涵漪本自然，涵道非作造。故曰不远人，忠恕其则表。即境得理诠，慥慥君子好。

## 漪鉴轩有会 乾隆四十七年（一七八二）

文轩临水裔，因以名漪鉴。鉴喻水之清，漪言水之潋。
偶来坐匡床，会心不违验。鉴物取其平，漪澜譬动念。
而况物之来，亦非静而憺。彼此动顺应，容光照无欠。
斯理岂易致，澄怀自磨勘。

## 归云岫二首 乾隆四十七年（一七八二）

疏泉因辟湖，湖土为山近。一篑功不亏，率已成数仞。
山巅屋几间，俯视归云引。出听其心无，归任其踪隐。
朗诵渊明句，与彼原殊轸。土山既假矣，春云岂真欤？
云既非真欤，出归均子虚。徒以景幽耳，遂致名纷如。
岫不知岞崿，云亦忘卷舒。而人于其间，徒劳拟议诸。

## 狎鸥舫 乾隆四十七年（一七八二）

一湖春水碧于油，几架朴斋湖上头。时已高飞度回雁，自然群集有闲鸥。机兮相泯真成狎，屋也何妨假号舟。脱却光辉致谀颂，禽中原是不随流。

## 题清怀堂 乾隆四十七年（一七八二）

行馆率具别院，燕息图豫东朝。是处构成未至，兹来回忆增焦。种树已云苍蔚，对花惟见寂寥。不可无言归去，有言亦只无聊。

## 鉴止书屋二首 乾隆四十七年（一七八二）

其一

鉴止由来澄弗浮，会心于是契深投。设其有鉴而无止，察察为明致诮不。

其二

鉴欲分明知善恶，止当轻重有权衡。执中格物无踰此，讵可徒然书卷横。

## 团河行宫作　乾隆五十一年（一七八六）

密云犹自恋春朝，行馆都无廿里遥。积雪郊原因罢猎，淰烟林木足供谣。

弗孤构筑一宵宿，聊答景光七字调。庚子壬寅兹丙午，五年瞬息片时消。

## 题璇源堂　乾隆五十一年（一七八六）

行籞团河上，璇源因号堂。汇成玉湖阔，流去凤河长。

图藉益清力，兼资利运方[一]。拨船并添设[二]，莫匪惠民商。

原诗注：[一]团河于乾隆四十二年疏浚开拓，东南流出南苑，为凤河之源，又东南流入淀池，借以涤永定河之浊，共由大清河入海，兼资利运。[二]自天津至通州，向例，漕船遇浅时，雇觅民船拨运，俗谓之剥船，误也。上年因长芦盐政征瑞之请，敕下江西、湖广督抚，官造船千二百只，拨运漕粮。其民船即可受雇，商民两有裨益。又『拨』向沿写『剥』，然详绎字义，应书拨为是。

## 鉴止书屋有会　乾隆五十一年（一七八六）

书屋近临水，因名曰鉴止。是虽即景乎，而应会实理。知进不知退，亢龙所以否。鉴而知其止，不失正斯美。设云举其事，繄不可偻指。

## 团河行宫作　乾隆五十三年（一七八八）

宿雨曾惟一寸滋，麦无益只濯花枝。溪斋山馆于焉后，梨白杏红正及时。岂不临芳堪悦目，却因待泽少闲思。来年到那无言去，促就犹嫌鲜妥辞。

## 题璇源堂　乾隆五十三年（一七八八）

溪堂昔以额璇源，疏浚益清资刷浑[一]。点缀遂因置轩榭，周遭且复筑墙垣。昔成今憩过曾论[二]，宜也否乎恧那言。题什壁间明即去，不留寓意戒斯存。

原诗注：[一]乾隆四十二年，疏浚团河，开拓下游，东南流出南苑，是为凤河之源。又东南流入淀池，藉以涤永定河之浊。于是就挑挖团河之土，略加点缀，构筑行宫，以备憩息。[二]是处行宫，弗用正帑，惟以内帑所节省者，物给价，工给值，不惟不以累民而贫者，且受其利。究之，兴工作，即为予过，详见向所作《知过论》。

## 鉴止书屋有会 乾隆五十三年（一七八八）

书屋临碧沼，向名曰鉴止。不必言其它，可以返诸己。
临五十三年，辟二万余里。虽未大当致，亦可小康拟。
此而弗知足，其欲将何底。知足徒云乎，惴惴增敬耳。

## 雨中至团河行宫作 乾隆五十五年（一七九〇）

夜雨侵晨势未止，雨中引见慎厘工[一]。轻舆遂冒空蒙发，润野平临晻滥通。
一洗愁肠拊巡舫，又添吟兴到行宫。便宜较胜前番者，先获天恩几日蒙[二]。

原诗注：［一］今早起銮之前，正值吏、兵二部带领引见人员，维时雨尚未止。［二］北地春间每多望雨。忆丙申东巡、甲辰南巡，回跸前望雨情形，与此日无殊。然丙申则四月廿七日还宫，即于是日得有透雨；甲辰于四月廿三日还宫，至廿六日始得雨七寸。而此番将以四月十五日还宫，前三日已得甘膏渥被，仰邀天贶，不觉钦感弥深。

## 题璇源堂 乾隆五十五年（一七九〇）

凤河入淀此源寻，疏浚因教广复深。遂有堂斋朴以筑，备斯来往憩而临。
轩窗朗润诚娱望，笔砚精良正待吟。絜矩设如索名义，归根万事曰由心。

## 涵道斋 乾隆五十五年（一七九〇）

堂据前斯斋合后，心为源则道当涵。平临止水阅今昔，亦不随波任北南。
鸢自飞兮鱼自跃，上非二也下非三。偶因凭槛摛吟句，岂曰观澜契理谈。

## 翠润轩口号 乾隆五十五年（一七九〇）

时霏细点未云晴，露缀林枝滟水晶。翠是本来润新得，疏轩今日不孤名。

## 鉴止书屋作歌

乾隆五十五年（一七九〇）

书屋两言额鉴止，鉴止之义真切已。古希六帝同其三，胜三独见元孙子[一]。内安外顺沐天恩，诸邦庆八旬骈厎。知止不殆应斯时，然觉我心犹未已。安得九宇普三登，更复年年绥以屡。所求者多忧合多，书屋无言笑而矣。

原诗注：［一］向为《古稀说》，曾考三代下帝王，年登七十者仅六六，之中至八旬者，仅梁武帝、宋高宗、元世祖，而三帝又皆未能五世同堂，如予之仰荷天恩，为最厚者。

## 团河行宫即事

乾隆五十九年（一七九四）

南苑行宫称四处，其三为旧一新为。斋中每愧知过论[一]，壁上频增即景诗。略慰仍希心不定[二]，时阴忽霁泽难期。月官引见营门敞[三]，惭是如何惬众思。

原诗注：［一］南苑行宫凡四处。曰旧衙门，曰新衙门，皆明时内监官署，本朝因之为行馆。其南宫则康熙五十二年所建。此处行宫，乃因团河为凤河之源，向命疏浚水泉，积有土山，因于其旁构筑数宇，以供临憩。庚子秋路次，始落成之。《知过论》中所云『南苑工作』即指此。斋中即书论识之，虽物给价、工给值，不以丝毫累民，而抚景不能不引以为愧。［二］昨虽得三寸余雨，然迩日浓云时作，每散于风，尚冀风止，优霈尺泽也。［三］今日驻跸于此，吏部即于野营门前将月选官员带领引见。因分别人地甄调，以慎厘工。

## 团河行宫八景 乾隆五十九年（一七九四）

### 璇源堂

河源何事更称璇，玉润由来溯本然。洁治书堂俯嘉德，标其生亦在方圆。

### 涵道斋

斋额奚因涵道称，绎思水德在清澄。内存心及外临事，舍二又将何所能。

### 归云岫

假山既可称云岫，何必真云不可归。设果为霖自肤寸，继沾诚足泽农畿。

### 珠源寺

团河本是凤河源，疏酾南流清助浑[一]。必有司之惠万物，瓣香嘉澍吁垂恩。

### 镜虹亭

以照言波则曰镜，喻形映日又称虹。似兹假借诚繁矣，水本无知付以空。

### 狎鸥舫

室如舫耳原非舫，取适名之曰狎鸥。我岂诗人卢杜类[二]，箕畴惟是慎先忧。

### 漪鉴轩

水裔之轩漪鉴名，偶临遂与绎思精。漪常喻动鉴取镜，要在不波乃得平。

### 清怀堂

堂临碧沼额清怀，白芷绿蒲景已佳。怀在胸中清在境，其间宾主认毋乖。

原诗注：〔一〕团河之源，旧称团泊，在黄村门内六里许，乾隆四十二年重加疏浚开拓，出南苑墙酾为凤河，又东南流与永定河合，借以刷涤浊沙，由大清河归海。〔二〕卢照邻诗『腾沙起狎鸥』，杜甫诗『狎鸥轻白浪』，此皆诗人处境闲适，自写其放逸之怀。若予之名舫，不过即景寓名，初不类彼耳。

## 题团河行馆 乾隆六十年（一七九五）

行宫旧三处，此处实新增〔一〕。为引团河顺，遂因别馆兴。
亭台多点缀，山水尽清澄。过也非予美，五言自责仍。

原诗注：〔一〕苑中新、旧衙门二，皆明时中官提督之衙。至南红门行宫，则建自康熙五十二年。此处行宫，因乾隆四十二年疏拓团河之水，构筑数宇于旁，乃予所新增也。

## 团河行宫即景

乾隆六十年（一七九五） 颙琰

绿野开佳胜，纡环花木幽。假山皴秀黛，镜沼俯长流。
小坐溪边石，还登林外楼。平原宜眺览，东作起田畴。
别馆依芳沚，临流契素心。舞雩风足慕，濠濮乐堪寻。
细柳添新翠，鸣禽啭妙音。曲栏随处倚，已过水边林。

## 团河即景

嘉庆元年（一七九六）

广甸开芳墅，凤河此发源。一溪清浪足，万柳绿阴繁。
引秀山为郭，含滋水绕门。片时暂延赏，小猎向平原。

## 团河行宫作

嘉庆元年（一七九六） 弘历

南苑例两宿，乃至黄新庄[一]。旧宫莅新宫[二]，相去廿里强。
途近值多暇，绕道游何妨。团河实行宫，建因疏治方[三]。
是即凤河源，引流刷清长[四]。略筑斋阁朴，亭台间置傍。

乘闲聊一览，花柳佳韶芳。均缘甘澍优，万物庥春光。
五字识心慰，既慰仍彷徨。曰此复何缱，殷勤在捷望。

原诗注：〔一〕恭谒东陵回跸，将诣西陵。由烟郊至黄新庄，取道南苑，几及二百里。是以每次于旧衙门、新衙门驻跸两宿。〔二〕即新、旧两衙门，乃前明中官提督海子官署。顺治年间即因之为行馆，屡有诗识之。〔三〕团河为凤河之源，乾隆四十二年，因水源未畅，命加疏浚，因就其旁构筑数宇为行馆，以供临憩。〔四〕团河经疏治之后，水源旺盛，出南苑酾为凤河，东南流，历东安、武清境，至天津之双口与永定河会，藉涤永定之浊，又东至韩家树，入大清河归海。

## 团河行宫即景

嘉庆八年（一八〇三）

行宫新结构，倏度廿余年。圣藻辉银榜，璇源汇锦川。
方池清浪叠，高柳绿阴连。停跸寻佳胜，艳阳淑景延。
佳境不三宿，留连恐繁心。洄波漾澹荡，绮石叠嵚崟。
芳卉敷文馆，新莺啭上林。肯堂思继志，昕夕敢忘钦。

## 涵道斋　嘉庆八年（一八〇三）

观水有至道，动原以静涵。溶漾林影滴，浸波浮蔚蓝。
沿岸柳始绿，柔条濯春潭。生机皑闰月，阳和群植覃。
行馆临碧沼，境辟苑西南。小住启清跸，游豫曷敢耽。

## 鉴止书屋　嘉庆八年（一八〇三）

昨宵细雨润芳春，镜沼空明净麴尘。境乐清虚鉴斯水，心存民物止于仁。
盈科不息钟灵脉，敷泽无涯被远津。邪匪虽除流未净，尚筹疏浚涤沈沦。

## 团河行宫偶成八韵　嘉庆九年（一八〇四）

凤河发源地，平甸建行宫。佳境山溪秀，文轩简朴崇。
天题绚楣梠，灏气满簾栊。风飐柳丝绿，日翻枫叶红。
澄潭浮睡鸭，远树响飞鸿。节近茱萸把，心欣稼穑丰。
泬寥极遥浦，清爽仰层空。敕政无多暇，少年兴不同。

## 鉴止书屋　嘉庆九年（一八〇四）

不知足人之恒情，返观自鉴印池水。前波层叠迭迁移，不息盈科悟所止。
虚受㧑谦众善归，百川汇注东海委。沟渠日见其涸干，小知大受理如是。

## 团河行宫即景　嘉庆十年（一八〇五）

南苑欣逢骀荡春，敕几有暇溯芳津。林间暖雾笼绡縠，水面清风皱麴尘。
嫩柳摇丝飏堤畔，夭桃绽蕊绚溪滨。韶光和盎敷生意，耕作初兴农事新。

## 鉴止书屋　嘉庆十年（一八〇五）

圆沼鉴影开，澄澈漾春水。汩汩导来源，渟渟俯清泚。
盈科不息功，观澜知所止。舞雩及良辰，游泳莅芳沚。
三篙涨前溪，层叠波光弥。心镜印空明，疏浚去尘滓。

## 鉴止书屋 嘉庆十一年（一八〇六）

暖沼印晴空，蔚蓝澈止水。汩汩浚本源，灌注光清泚。
临流鉴鬓眉，澄洁辉浮弥。良时届暮春，舞雩风日美。
高柳绿已齐，繁阴漾芳沚。集虚养天和，性海消尘滓。

## 涵道斋 嘉庆十一年（一八〇六）

新成行馆苑西南，地毓灵源渥泽覃[一]。池漾碧岙知水足，柳拖翠缕识春酣。
探寻典籍至诚会，俯仰鸢鱼妙理涵。咸若观生皆道筦，性功存养自详参。

原诗注：［一］南海子行宫为明时貂珰提督衙门，以奄竖视事之所，而规制崇侈，几与帝居相埒，势焰烜赫，其时政尚可问乎。我朝即其地改为行馆，原为习劳肄武憩息之所，非资游览也。至此地团河行宫成于乾隆四十二年，则因团河为凤河之源，特加浚治，酾东南流入永定河，由大清河入海，又东北汇凤河达通会河以利漕渠。并建龙王庙，额曰珠源寺，以时敬祀。我皇考屡于题咏，详及之爰，即治河所聚之，土叠为山，就其地势，架屋数楹，水槛山茨，不施雕琢，较所改之。宫宏敞转觉稍逊，不特崇尚朴俭而已。盖我朝举事皆关政体而顺人情，即偶有缔构，亦非无为而为。兹临憩斯斋，沿溯泉源泽流广衍所利赖者，被于无涯矣，因识其大略如此。

## 涵道斋 嘉庆十二年（一八〇七）

广场猎毕息征骖，行殿春和晴景覃。几点文鸳浴暖浪，千株新柳蘸澄潭。
亭台池榭小园备，动植飞潜大道涵。对育殷心东作始，肃祈遍洽渥膏甘。

## 翠润轩 嘉庆十二年（一八〇七）

绮旭光容与，开轩俯绿池。碧荷一奁接，翠柳万丝垂。
舒锦杏拖靥，蒸霞桃燦枝。芳春生意畅，润景满汀陂。

## 鉴止书屋 嘉庆十二年（一八〇七）

碧浪叠杨湾，三篙泛清沚。彩霞印遥空，波光漾红紫。
鸥鹭相忘机，浮尘趁涯涘。临深鉴影形，盈科悟知止。

## 团河行宫即景 嘉庆十三年（一八〇八）

春省初旋析木津，朱明应律待中旬[一]。团河偶驻景宜赏，柳墅披图境可循[二]。

习射莎原林影淡，泛舟杏渚浪花匀。芳园探讨清和候，沐泽欣臻龙见辰。

原诗注：〔一〕四月十一日立夏。〔二〕此地结构颇似天津柳墅行宫。

## 璇源堂 嘉庆十五年（一八一〇）

堂临碧沼凤河源，春日融和暖浪翻。一勺溶溶出兰坂，众流浩浩汇津门。川波务畅勤疏浚，水利宜兴待讨论〔一〕。念切民艰裕生计，盈宁比户遍安敦。

原诗注：〔一〕行宫建于乾隆年，就凤河之水引为池沼，堂额以璇源名，河发源于此，经流伏流，隐见不一，由东南汇通潞诸水达于津门，亦复资其灌注。因思畿辅之地，古称上腴，水利尤宜亟讲，是以先朝屡经规划，特命重臣督办堤防疏浚之法，着有成绩，利赖至今。惟是水性湍激者多挟泥沙，壅滞迁徙靡常，在所不免。揆时度势，正当续有兴作，而先事筹计正非易易。姑以俟诸异日，未尝刻置于怀也。

## 涵道斋 嘉庆十五年（一八一〇）

春水澄如镜，虚明至道涵。寸心应万事，一月印千潭。

形影分清浊，波澜自蕴含。盈科而后进，不息理详探。

## 漪鉴轩晚眺 嘉庆十五年（一八一〇）

近水轩庭一鉴开，涟漪淡沱接汀苔。四围新柳拖青缕，百顷澄潭滴绿醅。
春雨滋荣茂花木，夕阳金碧绚楼台。停镳文囿延清赏，润景虚明远宇恢。

## 鉴止书屋 嘉庆十五年（一八一〇）

三楹书屋面清漪，云影天光印绿池。百里兰皋晴旭暖，千株柳岸惠风披。
敕几勤政诚无暇，习射拈吟同昔时。鉴我观人先正己，知其所止念毋移。

## 璇源堂 嘉庆十七年（一八一二）

堂开绣甸凤河源，淑景暄融聚小园。柳绕长桥新线袅，波平方沼细鳞翻。
拏舟乍展环庭渚，习射重临近水轩。髫岁频来境异昔，心殚旧学性存存。

## 涵道斋　嘉庆十七年（一八一二）

道在天地间，得全惟古圣。后世鲜遵循，相率趋别径。为学勉笃行，见欲以理胜。涵养内省功，心源浚静定。操存必坚持，奚能淆视听。片言大用该，凡事勿尽兴。

## 翠润轩　嘉庆十七年（一八一二）

雪泽虽深厚，雨滋新润添。莎裀缘曲槛，柳线织疏帘。碧染苔衣薄，青摇榆荚纤。原田麦待熟，亟望渥膏沾。

## 鉴止书屋　嘉庆十七年（一八一二）

绿波澄流渟方沼，旭印空明玉鉴一。相映寸心如止水，湛然虚朗绝纤矣。

## 清怀堂　嘉庆十七年（一八一二）

序近清和物候佳，虚堂对育畅吟怀。水光涵日碧萦槛，林影摇风翠扬阶。

高指松涛挂帘角，平铺莎毯到溪涯。御园南苑何同异，夏浅春深六气谐。

## 漪鉴轩晚眺 嘉庆十七年（一八一二）

信宿芳园春莫天，轩开漪鉴俯晴川。波澄鸭绿旭翻绮，线袅鹅黄风绾烟。
景富艳阳敷广甸，心祈甘泽润原田。农功时届耕耘候，渴盼油然继沛然。

## 璇源堂 嘉庆十八年（一八一三）

七十二泊旧迹烟，凤河之源斯地真。方池数顷汇锦浪，一勺清泉柳岸滨。
疏导功深流自畅，汤汤直达通惠津。滞去澜安理不易，诚求勤治河淮循[一]。

原诗注：[一]此间因凤河之源，加以疏剔，汇为池沼，导其流直达通会河，频年并无淤滞旁溢之患。因思河淮交汇之处，原藉洪湖清水畅出敌黄，以达于海。惟因大河盛涨，倒漾入湖，以致清口亦有停淤，水小不能收刷涤之力，水大又须防泛决之虞，与近年治河棘手之故也。然滨水田庐南漕转运所关甚巨，不可稍懈堤防，惟天神护佑，在事臣工尽心浚治，则就下而安澜可冀矣，临憩斯堂，曷胜廑念。

## 团河泛舟 嘉庆十八年（一八一三）

桥跨波心一水连，庭阴试棹木兰船。红敷桃萼舒汀艳，绿袅杨枝蘸浪鲜。澄洁翠奁渟沼影，湛清碧宇净墟烟。韶光澹滟坐天上，遥盼云凝西岭巅。

## 漪鉴轩晚眺 嘉庆十八年（一八一三）

蜃窗明洁印芳塘，平鉴清漪坐夕阳。桃颊晕红千朵嫩，柳丝蘸绿万条扬。金鳞风叠波光绚，绣毯霞凝草色长。春昼舒和心静适，观生验候遍繁昌。

## 鉴止书屋 嘉庆十八年（一八一三）

圆沼溶涵百顷波，金鳞叠日锦澜拖。扁舟问景游芳溆，风静天澄晴昼和。一池春水漾澄清，明镜开奁碧影平。心印渟波悟鉴止，尘消照彻倍渊泓。

## 漪鉴轩 嘉庆二十年（一八一五）

轩临圆沼鉴清漪，和蔼韶华座右披。水镜细含风淡淡，花栏徐度日迟迟。

浅莎铺毯绿青渚，嫩柳舒条蘸碧池。西望山云欲酿雨，平畴新麦继繁滋。

## 漪鉴轩 嘉庆二十一年（一八一六）

静憩西窗俯碧池，文澜几迭漾春漪。雨含细浪轻罗皱，风送澄波浅縠移。
隔岸桃滋三五树，临汀柳蘸百千枝。盈科不舍喻勤政，源洁流清心鉴兹。

## 鉴止书屋 嘉庆二十一年（一八一六）

川上对春雨，溟蒙印碧浔。柳汀青欲滴，莎径绿将深。
潋滟开圆沼，嵚崟绕曲岑。容光鉴形影，知止契予心。

## 漪鉴轩 嘉庆二十二年（一八一七）

圆沼开芳墅，风河源在兹。轻风拖翠縠，暖日漾金漪。
照影绯桃萼，凝烟蘸柳枝。洗心磨内鉴，观水系深思。

## 鉴止书屋　嘉庆二十三年（一八一八）

窗开面碧潭，潋滟浮春水。澄景满中庭，芸楣额鉴止。
仰观契予衷，细味二字理。守成戒妄为，雨田勿迁徙。
更张徒纷烦，过犹不及矣。执雨用其中，治平庶可俟。

## 漪鉴轩　嘉庆二十三年（一八一八）

百顷风潭明鉴开，蜃窗坐对绝纤埃。依衡莎影铺青毯，溶漾波光滴绿醅。
桃露芳蕤映阶砌，柳垂密线衬亭台。漪澜印日金鳞叠，遥渚含辉往复回。

## 漪鉴轩　嘉庆二十四年（一八一九）

春光正明媚，碧沼印轩前。淡荡惠风细，冲融丽日鲜。
鸥痕波縠叠，鱼影柳丝牵。开鉴心神畅，清漪洗寸田。

## 鉴止书屋 嘉庆二十四年（一八一九）

君止于仁臣止敬，知其所止治功成。越思妄想终无济，凡事总宜素位行。

## 行围至团河行宫即事 道光三年（一八二三）

广甸风和小猎宜，弯弧即鹿紫骝驰。旗分八色围初展，礼仿三驱候不迟。
双树贞珉传睿藻[一]，一泉活水溯清漪[二]。烟笼碧柳浓荫处，佳境平开璧沼湄。

原诗注：[一] 团河东北数里许，有池曰双柳树。池畔石碑二，上镌皇祖圣制诗。[二] 新衙门后稍东，有泉名一亩。

## 团河即景 道光三年（一八二三）

芳园驻马喜清华，葱郁溪山谈霭遮。碧柳四围笼晓雾，红桃几树灿朝霞。
波澄一鉴游鳞戏，云净长空旅雁斜。静憩临流涤尘虑，天机妙处与无涯。

## 雨猎至团河即景

道光四年（一八二四）

频叨嘉泽渥，小雨猎无妨。纵辔欣青骏，纵禽御火枪。
连胜滋宿麦，绿沼幕长杨。拂面疏还密，芳园盎景光。

## 涵道斋晚坐

道光四年（一八二四）

骀荡春光雨乍晴，轻波潋滟一泓清。沿溪舒金桃将绽，拂槛垂丝柳欲萌。
远岸回翔看下鹭，幽林睍睆听鸣莺。虚窗领略芳华景，习射拈题旧日情。

## 团河晓起得句

道光四年（一八二四）

林泉结构俨天然，停跸摅吟喜静便。晓起疏窗相对处，数声啼鸟半池烟。
昨朝二寸沐甘霖，助麦微宽望岁心。佳境更宜新霁后，离披轻雾宵芳林。

## 自团河行宫还宫途中微雨喜而有作

道光五年（一八二五）

猎罢征鞍将返辔，最欣微雨趁清朝。无声柳陌添青眼，应候芳原映绿腰。

出沐遥峰新翠叠，开奁碧沼软尘消。还祈透润均遐迩，畎亩优沾二麦饶。

## 团河即景　道光六年（一八二六）

山青水秀小园林，猎罢绿溪景重寻。沼面风微开细縠，檐前日暖扬轻阴。
秋花历落依危石，野荻苍茫达曲浔。乍听征鸿霜信早，筹戎边徼繁遐心。

## 团河即事　道光十年（一八三〇）

春光乍和煦，行馆俨芳园。映水柳初绿，迎人桃正繁。
流年真易度，往事不堪论。火器幼龄习，追伤训勖恩。

原诗注：［一］予十三岁恭随皇考在南苑习猎，于团河行宫内蒙恩面训，练习火枪，自是日加勉励，弗敢疏怠，转瞬三十八年矣，抚今追昔，怆慕追感之怀，曷其有极。

# 南苑寺庙

## 德寿寺

编者按：德寿寺别名大招提，位于今北京市大兴区德寿寺南路。

顺治九年（一六五二），五世达赖阿旺罗桑嘉措从西藏启程入京朝觐，顺治皇帝于南苑迎谒设宴。顺治十五年（一六五八），顺治皇帝下令修建德寿寺，藉以纪念五世达赖喇嘛的北京之行。清代皇帝驻跸南苑时，常到德寿寺瞻礼。

乾隆二十年（一七五五）德寿寺毁于火，乾隆因『以其为列祖圣迹所留，亟命更造殿宇，仍旧名以志弗忘』而命重加修葺，建成后不再让僧人居住。重建后的德寿寺『营建特为宏敞，金碧丹垩，蔚然杰构』，寺院内松柏苍翠，花团锦簇。乾隆帝在御制诗中写道：『花宫兰鱼偶相过，一脉曹溪问若何。首座真成粥饭罐，半庭徒负笠盂窝。』将德寿寺赞为花宫。乾隆四十五年（一七八〇），六世班禅祝厘来觐，在德寿寺拜谒乾隆皇帝。

民国时，德寿寺毁于大火，只留下乾隆御制碑两座。二〇一四年，德寿寺在原址复建。

## 德寿寺　康熙十七年（一六七八）

持身崇孝理，清净契真如。岁久开金寺，时来降玉舆。

## 德寿寺古鼎歌　雍正九年（一七三一）　弘历

龙宫巍巍紫气轩，辉耀榱甍焕崇垣。寺名德寿庵罗园，刹竿高挂珊瑚旛。
停鞭卸辔山门前，一滴欲寻曹溪源。东瞻紫雾明朝暾，清凉顿觉隔尘喧。
香浮宝殿谒世尊，兀然古鼎吐云烟。何人镕冶工雕镌，金翠斑斓历岁年。
上文雷回下云纭，狰狞状类狮子蹲。籀书斯篆迹难分，世次那辨癸与辛。
蝌蚪盘屈蛟龙奔，周彝虞敦恍犹存。葆精凝润疑琼璠，寒光欲流不可扪。
日月照射轮朝昏，濯洗全资雨露恩。在昔盛事传横汾，此鼎神异迈等伦。
我欲负之千蹄犍，移向帝阙镇厚坤。充以大武佐鱼豚，万斤木火为之燔，
有实大享养圣贤。

## 德寿寺 乾隆四年（一七三九）

招提建百年，胜境压诸天。树古龙蛇矫，坛高云雾连。
珠幡飘赤篆，宝鼎幂祥烟。暂去空林杳，犹闻钟盘传。

## 德寿寺古鼎示僧 乾隆五年（一七四〇）

晖晖晓日射祇园，一滴曹溪觅法源。古鼎无言传妙偈，何须方丈悟风幡。

## 德寿寺 乾隆七年（一七四二）

上方清俗虑，胜迹足幽探。柏子留僧偈，天花落佛龛。
窗虚含爽籁，座静接朝岚。忘念味禅乐，寻思不可耽。

## 题德寿寺禅房 乾隆七年（一七四二）

一向悟无生，不识无生理。偶来兰若幽，颇爱禅房美。

松竹韵虚籁，花药绽春蕊。烟浮鼎上云，鸟啄窗间纸。
敲火煮古铛，烹茶漉新水。身心一潇洒，未可耽乎此。

## 再题德寿寺禅房 乾隆七年（一七四二）

境古烦嚣远，窗虚爽气侵。篆香飘道味，洪钟空客心。
寂寂樾荫嘉，杳杳精蓝深。文竹引清籁，好鸟发幽吟。
稍憩方丈室，坐对三秋岑。泠泠功德水，堪以濯尘襟。

## 题德寿寺禅房 乾隆九年（一七四四）

夙爱禅房静，频来有句酬。上方三径远，古树半庭幽。
为问锡缁客，何如支远流。离尘吾未逮，到此一淹留。

## 德寿寺禅房 乾隆九年（一七四四）

秋日川原净，禅关花木芳。如然游法海，谁复论空桑。

树影留春色，炉烟霭意香。无尘心可歇，刹刹总真常。

## 题德寿寺禅房

乾隆十一年（一七四六）

花宫松径偶相过，一脉曹溪问若何。首座真成粥饭罐，半庭徒负芙蓉窝。鸟来梵网衔天果，籁入香林振玉柯。不悟灯笼将露柱，阿难空衹夜伽陀。

## 德寿寺六韵

乾隆十五年（一七五〇）

精蓝礼法王，取便憩禅房。壁认前巡句，炉焚今日香。隔林飘静籁，满院贮韶光。座爱芬春蕙，庭将绽海棠。重来法云处，却忆少年场。妙谛当机示，何须论幻常。

## 题德寿寺禅房

乾隆十五年（一七五〇）

开士幽居地，乘闲一憩寻。阇黎谁古若，澄景适今临。

砌卉迷寒蝶，庭柯隐夕禽。忧欣何处是，默检向来心。

## 德寿寺 乾隆十九年（一七五四）

芳甸春明碧草萋，乘闲净业觅招提。到来俯仰足新趣，着处徘徊有旧题。

## 德寿寺 乾隆二十年（一七五五）

李白海棠红，花宫本是宫。由今还视昔，惟色演真空。
大士如如相，光春澹澹风。回瞻墙顶柏，翠拥法云丛。

## 重修德寿寺落成诗以纪事 乾隆二十二年（一七五七）

阅岁祇园致郁攸，经营深意缅前猷[一]。固知一切有为法，作如是观无可留。
尽洗何妨万缘净，重提依旧四禅修。从兹法雨霏金地，泽润苍生百亿秋。

原诗注：[一]寺建于顺治年间，世祖、圣祖南苑行围常所临幸。前岁不戒于火，特敕重修。

## 德寿寺　乾隆二十八年（一七六三）

花宫火劫后重新[一]，败是成因成败因。调御丈夫都不较，如然法尔示于人。

原诗注：[一]是寺于乙亥年遭回禄，因重新之，落成后至今又七年矣。

## 德寿寺　乾隆三十二年（一七六七）

收围临竺宇，屏息礼金身。松柏只如旧，殿庭已焕新[一]。迁中有常住，义处即能仁[二]。古鼎益蔚翠[三]，那知秋复春。

原诗注：[一]是寺曾遭回禄，因重造，今仍金碧焕然。[二]习武义之属，故云。[三]殿前古鼎巍然，翠色可爱，向曾有诗。

## 题德寿寺　乾隆三十六年（一七七一）

殿堂重建又经年，乔木茏葱只故然。下马入门早忘猎，无僧守寺莫非禅[一]。风飘幡影演真偈，鸟啄窗虚窥法筵。大德由来必得寿，儒宗梵义有同诠。

原诗注：〔一〕寺遭乙亥回禄，后经重建，只令苑隶看守，弗居僧人。

## 德寿寺 乾隆三十八年（一七七三）

祇园向平楚，树古百年余〔一〕。僧彻静烟火〔二〕，鹿游到砌除。
是为契宗旨，夫岂在钟鱼。大德得其寿，慈龄仰正如。

原诗注：〔一〕寺建于顺治年间。〔二〕向有僧住持，以遭回禄，遂彻去，以慎火烛也。

## 德寿寺 乾隆四十五年（一七八〇）

德寿禅林成世祖〔一〕，尔时达赖喇嘛朝。何期一百经年久〔二〕，又见班禅祝嘏遥。
适我东归西去便〔三〕，许其驻锡谒銮翘。翻经持律寻常谨，可悟钟声披七条〔四〕。

原诗注：〔一〕德寿寺建于顺治十五年，详见丙子重修寺碑记。〔二〕五辈达赖喇嘛以顺治九年十二月来京。时我世祖驻跸南苑，即于此迎谒赐宴，至今百二十余年，班禅额尔德呢祝厘来觐，又复于此谒见。后先辉映，实为国家盛事。〔三〕今岁以余七旬初度，敬谒东陵礼毕，取道南苑，恭谒西陵，适为经行顺路。〔四〕喇嘛教以讲经持律为事，虽有悟无我无生者，不似禅僧之竖拂棒喝、单提向上，流而为口头禅者。

## 德寿寺迭庚子诗韵

乾隆四十七年（一七八二）

庚子两陵叩七帙，班禅适值觐中朝。东来西去佥于是，究理谈元事匪遥。何意其冬寂随示，现身出世望徙翘〔一〕。征心辨见如相拟，此在楞严第几条〔二〕。

原诗注：〔一〕庚子岁，班禅额尔德呢祝厘来觐。先自山庄回京，后复于德寿寺谒见，即以其年冬月示寂。今届壬寅，已阅三载。班禅之呼毕尔罕，所谓度世化身者，尚未据奏报出世，殊切翘望耳。〔二〕七处征心，八还辨见，出《楞严经》。

## 德寿寺再迭庚子诗韵

乾隆五十三年（一七八八）

庚子戊申阅八载，班禅追忆此来朝〔一〕。阐宗似彼真无二，祝嘏嘉其不惮遥。谈偈梵宫元理契，拜膜藩部众诚翘。化身七岁通经始〔二〕，春至禅枝更发条。

原诗注：〔一〕班禅额尔德呢以庚子岁为予七旬万寿，自后藏不远二万里至避暑山庄祝厘。嗣予恭谒东陵毕，取道南苑恭谒西陵，班禅又于此寺谒见，偻指已阅八载矣。[二]据留保住奏，班禅示寂周岁，呼必勒罕生后藏扎什伦布所属地方，年已七岁，能通梵典。

## 题德寿寺 乾隆五十五年（一七九〇）

庚子临斯地，班禅来祝厘[一]。相看如旧识，会意亦通辞[二]。示寂何遽尔[三]，不迁原在兹。西方化身出，宣法任其为。

原诗注：[一]庚子予七十寿辰，班禅额尔德尼远来祝嘏，因命于是寺驻锡。[二]凤习唐古特语，故与喇嘛言，不须译人也。[三]班禅额尔德尼以庚子七月至避暑山庄，十一月初二日示寂。今其呼必勒罕已出世八载，以其为衍黄教之宗，去来真幻，亦不置问。

## 元灵宫

编者按：元灵宫今姚家村南，凉水河东北岸。

顺治十四年（一六五七），元灵宫始建，此后各朝屡有修葺，但庙宇格局未有大改。元灵宫内最具特色的建筑是元极殿，圆殿重檐的形制是仿京城明代光明殿建造而成的。

清康熙皇帝曾作有《南苑元灵宫》：『杰阁横霄峻，清都与汉翔。规模开壮丽，星宿灿辉光。』元灵宫之宏伟壮丽可见一斑。

一九二七年，元灵宫遭到拆毁，今已无地面遗存。

## 南苑元灵宫是世祖皇考建

康熙十七年（一六七八）

杰阁横霄峻，清都与汉翔。规模开壮丽，星宿灿辉光。
碧瓦浮空翠，金铺映日黄。门当啼鸟静，户有异花香。
细草沿阶发，新槐拂槛凉。纡回疏辇路，藻彩绘雕梁。
謦咝临仙境，瞻依问谷王。敬钦崇太昊，继述忆先皇。
岁月碑文暗，乾坤事业昌。茫茫扶大造，皞皞体穹苍。
恭己身无倦，斋心念不忘。时巡非逸豫，几暇岂游荒。
卫骑骖骈列，华旄宛转扬。南熏披万物，北斗起千祥。
瑞气庭前见，佳辰昼正长。休歌白云曲，吾道在惟康。

## 南苑大阅谒元灵宫宫是皇曾祖世祖章皇帝建也敬依皇祖圣祖仁皇帝韵以志敬仰之忱时冬至月朔日

乾隆四年（一七三九）

阅狩金舆驾，鸣骍赤羽翔。千官分鹭序，万姓仰龙光。
雪积平原白，泥铺御道黄。翠华来别苑，初地散天香。
杳霭云生路，萧森松泛凉。星辰围斗宿，丁甲护虹梁。
屏念瞻瑶殿，虔心礼素王。若临钦在上，作极愧惟皇。
只以绍庭切，何能与物昌。律身怀监史，敷化体穹苍。
文德犹惭未，武功不敢忘。蒐苗遵古制，逸豫戒禽荒。
簇簇云屯盛，悠悠雾旆扬。一阳初应律，三白已呈祥。
渐觉条风扇，新添丽日长。觐扬吾未逮，布治愿平康。

## 题元灵宫后静室

乾隆十一年（一七四六）

紫府萧台太上家，松篁拥作碧云霞。岂因访道来丹地，聊尔怡神凭绿纱。

妙契何须问婴姹，虚皇犹自护龟蛇。双楸恰似倪迂景[一]，只少翩飞三两鸦。

原诗注：［一］静室前有双楸树，苍古可爱。

## 谒元灵宫 乾隆十五年（一七五〇）

澹荡暮春天，迎门花欲然。萧台万灵列，玉陛两成圆。
籁奏虚无韵，香凝缥缈烟。仰瞻昭监切，非是为求仙。

## 谒元灵宫 乾隆十九年（一七五四）

中天嶂嵲郁罗台，虎豹重关宝扇开。已看卿云护丁甲，更希时雨命风雷。
真花绕砌新韶秀，仙构扶霄旧实枚。敬仰穹碑阅三世，祈年此志每虔来。

## 谒元灵宫 乾隆二十三年（一七五八）

穹宇建先朝，延庥奕祀昭。便途登玉级，屏息礼云寮。
桃李春荏苒，松槐古寂寥。求仙非我事，不必问韩箫。

## 谒元灵宫

乾隆二十八年（一七六三）

规制仿光明[一]，年深乔树成。盖缘福万物，讵是媚三清。驱过可无顾，入瞻只屏营。前题一再读，今昔定谁名。

原诗注：[一]是宫建于顺治年间，盖仿京都光明殿之制。光明殿，则明朝所建也。

## 谒元灵宫即事

乾隆二十九年（一七六四）

百年天宇焕今朝[一]，庆落涓辰对赫昭。浮柱神扶俯寥廓，洪阶躬陟仰岧峣。穆然匪冀乔佺遇，颙若惟祈风雨调。古柏蒙笼护悬圃，微飔疑奏九灵箫。

原诗注：[一]宫自顺治十四年建，逮今盖百年矣。

## 谒元灵宫

乾隆三十六年（一七七一）

圆殿中天耸，瑶阶几级披。境规阆苑制，树是女床枝。那有求仙念，惟殷祝椵思。精庐粘昔句，却为坐移时。

## 谒元灵宫 乾隆三十九年（一七七四）

圆殿碧岧峣，高居俯九霄。松槐百年阅，星斗万灵朝。
顾諟瞻于穆，屏营对孔昭。诚哉祷久矣，只吁雨旸调。

## 谒元灵宫 乾隆四十七年（一七八二）

规制仿光明[一]，圜台陟二成。敬天缅世祖，吁惠福苍生。
瞻礼阅多岁，虔劬秉一诚。三冬渥三白，膏雨愿滋耕。

原诗注：［一］是宫仿西安门外前明所建光明殿规制而略小。

## 瞻谒元灵宫有作 乾隆五十一年（一七八六）

顺治丁酉建，阅兹百岁深。萧台垂肃肃，古树郁森森。
修葺凡几度[一]，继绳本一心。元穹赫灵鉴，对越益增钦。

原诗注：［一］元灵宫建于顺治十四年丁酉岁，至康熙、雍正年间，盖经屡葺，乾隆三年、二十八年复经两次修理。

## 瞻谒元灵宫 乾隆五十三年（一七八八）

顺治建萧宫[一]，虔心礼昊穹。郁罗百年久，顾諟四朝同。讵为祈己福，惟殷希岁丰。百年都沐贶，惕仰厚微躬。

原诗注：[一]是宫创建于顺治丁酉年。

## 谒元灵宫 乾隆五十五年（一七九〇）

宫成顺治年[一]，世祖奉穹元。万载垂明训，为君当敬天。少龄识此道，耄岁守无迁。适奠孝陵返，夔思益悚然。

原诗注：[一]宫建于顺治十四年，中构元极殿，奉玉皇上帝。

## 元灵宫瞻礼作 乾隆五十九年（一七九四）

将谓锡恩符夜雨[一]，谁知吁泽谒朝晴。萧台钦建自曾祖[二]，玉相虔祈此赤情。来往巡津竞虚度，旰宵忍澍愧无诚。云容过午霍霆盛，大霈庶几万物亨。

原诗注：〔一〕庚戌，驻南红门行宫，日晚已开霁，方谓雨，又无望，乃至五更时，雨来甚急，檐溜有声，次日侵晨，势犹未止，竟得四寸。昨晚云阴颇浓，喜微有东北风，冀幸昊恩锡泽，亦如往岁，不谓竟孤所望。〔二〕是宫建自世祖章皇帝时，仿京城光明殿之制。光明殿则明嘉靖年间所建，殿中悬『郁罗萧台』四字扁额。

## 入南海子瞻谒元灵宫有作　乾隆六十年（一七九五）

向西归自东，路便谒穹宫。六十满年帝，八旬有五躬。
砣孜虽已切，安阜念民穷。祖爱天恩厚，钦承愧一衷〔一〕。

原诗注：〔一〕予十二岁即随侍皇祖于此行围，今八十五岁，计已七十三年矣，是诚史册之所少见者。

## 入南海子叩元灵宫作　嘉庆元年（一七九六）　弘历

元灵宫肖光明殿，顺治之初敬构成。七十四年如一日〔一〕，雨旸时若叩今诚。
少过老至惟蒙佑，夕惕朝乾那尽情。卫士依然备小猎，观而弗试命舆行。

原诗注：〔一〕元灵宫在小红门内西偏，顺治十四年建，奉玉皇上帝，仿京都光明殿之制，予自十二岁随皇祖来此瞻谒，至今已七十四年矣。

## 元灵宫瞻礼　嘉庆八年（一八〇三）

郊南祀上帝，圆殿仿光明[一]。祈岁望丰稔，升香致洁诚。
春祺苏万汇，昊眷锡群生。九拜申虔谢，余氛庆荡平。

原诗注：[一] 殿式与大光明殿相同。

## 进小红门至元灵宫瞻礼　嘉庆九年（一八〇四）

回跸莅南苑，虔瞻圆殿崇。岁丰富禾黍，邪净戢兵戎[一]。
致敬感恩浩，抒诚谢泽隆。秋原排猎骑，习武廑予衷。

原诗注：[一] 予几暇读书，于《七月》思民事之亟，于《东山》念将士之劳。兹幸大田获稼，钱镈告丰，山徼消氛，干戈载戢，富有茅檐之仓廪，咸归部伍之旌旗，寰宇共庆升平，一人弥深兢惕，又何敢以邀福上苍，沐兹鸿佑，稍弛敬勤图治之责也？

## 清明日展谒元灵宫喜逢甘雨即目成什

嘉庆十年（一八〇五）

凌晨甘泽降春庭，候应清明遍野垧。自是天慈生品汇，敢云诚意格元灵。柳丝蘸水迷前渚，草毯含烟入远汀。润物无声沾霡霂，占宜收麦麦才青〔一〕。

原诗注：〔一〕日来晴暖和煦，候协春深，微觉膏雨，稍欠优沾，昕夕正殷祈盼。初三日亲耕藉田，初五日临莅南苑，见郊原二麦葱蒨可观，惟待时雨发荣滋长。兹于初六日清明节卯刻初飘点滴，继乃密洒如丝，霡霂滋液。是日正值展谒苑中元灵宫，就率两甄小猎，不惜弓衣沾湿，只觉润入靡芜，纤尘不动，青旗柳色，烟景溟蒙，不啻观名人图画也。且麦收三月雨，农谚可稽，得此应节甘膏，如闻遍野欢歌，与予志喜之什遥相和答矣。

## 入小红门谒元灵宫至旧衙门即事

嘉庆十一年（一八〇六）

南苑肆武地，髫岁每年至。川原指掌谈，昆季习猎事。芳春上陵回，平阪控良骑。匪慕从禽嬉，诘戎守先志。心期奕叶遵，乐与昔时异。解骖披奏章，克勤则不匮。所愿民物熙，元灵垂佑庇。省耕祈绥和，丰稔为国瑞。

## 元灵宫瞻礼　嘉庆十七年（一八一二）

元灵规制仿光明，上帝高居在玉清。虔爇瓣香申九叩，敬祈甘泽惠群生[一]。
春风声飏苍松茂，晴旭光含翠瓦莹。小憩行斋即旋跸，尘轻草润晓原平。

原诗注：[一]每岁莅兹瞻礼元灵后，即小试猎骑。本日敬值圣祖诞辰，虔爇瓣香，惟以藉申诚恪，不复布围。昨宵欣沾霡霂，未成分寸。默冀上帝垂慈，鉴予叩吁之忱，速赐甘霖之渥，式敷嘉惠，普被群生，即事拈吟，昌胜廑盼。

## 进小红门谒元灵宫　嘉庆二十年（一八一五）

穹宇辉南苑，竭诚致炷香。安民咸顺则，佑国衍繁昌。
生谷足衣食，逢年协寸旸。寸心深感谢，昊眷沐无疆。

## 进小红门谒元灵宫作　嘉庆二十二年（一八一七）

鸣驺莅南苑，驻马谒元灵。御下生群植，居高拱众星。
屡丰瞻有象，厚贶视无形。虔吁正民俗，皇图巩亿龄。

## 元灵宫瞻礼

嘉庆二十三年（一八一八）

圆殿三阶迴，乾元统万灵。照临垂有象，视听本无形。
资始昭咸育，健行仰不停。敬承钦昊命，诚达玉炉馨。

## 元灵宫瞻礼

嘉庆二十四年（一八一九）

上帝高居处，诚心祝稔年。元功敷化宇，灵雨润春田。
天佑邦家泰，岁欣绥屡连。敬承大宝命，行健勉乘乾。

## 永慕寺

编者按：永慕寺位于小红门西南，是清代南苑内贺皇帝万寿圣节，举办祈福法会的重要道场。

康熙三十年（一六九一），康熙皇帝为其祖母孝庄皇后祝厘祈福，追祖母忆鞠养教诲之恩情，下令修建永慕寺。乾隆御制诗中曾这样描写永慕寺，『意净钟声度，心安幡影飘』，可见寺内环境静谧庄严。

清末民初，该寺被毁，今已无地面遗存。

## 永慕寺　乾隆二十八年（一七六三）

圣藻焕痕钗[一]，依依永慕怀。见之于大舜，盖以奉思齐。翠荫禅林叶，绿回忍草荄。猎余游净界，诗句自安排。

原诗注：[一]寺额皇祖御书也。

## 永慕寺　乾隆二十九年（一七六四）

永慕建康熙[一]，孝庄虔祝厘。遥年重焕若，此日落成之。佛岂故新系，寺资修葺为。无须称大舜，家法仰昭垂。

原诗注：[一]是寺皇祖所建，盖祝厘太皇太后故也。

## 永慕寺　乾隆三十二年（一七六七）

皇祖建斯寺，追思庄后遥。向年重葺宇[一]，此日又凭寮。梵乐僧迎奏[二]，风幡心与飘。问予永慕者，钦曰在神尧。

原诗注：〔一〕在甲申。〔二〕此寺向设喇嘛僧。

## 永慕寺 乾隆三十八年（一七七三）

建置始神尧，额名永慕标。斯干开梵宇，贻厥奉东朝。
意净钟声度，心安幡影飘。巡檐阅前什，岁月个中消。

## 永慕寺 乾隆五十一年（一七八六）

永慕孝庄仁祖建〔一〕，诚祈恩佑宪皇营〔二〕。慎终追远曷其极，祖忆宗思述以并〔三〕。南苑斯增即境戚，前园徒忆侍颜情〔四〕。瓣香调御瞻合掌，难悟无生及有生。

原诗注：〔一〕是寺乃皇祖时因祝厘太皇太后所建，故甲申年诗有『永慕建康熙，孝庄虔祝厘』之句。〔二〕畅春园恩佑寺则皇考为皇祖荐福所建。〔三〕丁酉年为圣母建恩慕寺于恩佑寺侧，故瞻礼诗云『慕述祖兮恩述宗』，所以志绍承家法之意。〔四〕畅春园亦称前园。

## 永慕寺瞻礼　乾隆五十三年（一七八八）

竺宇近邻西[一]，虔瞻两载暌。金仙不动念，梵侣有来徯[二]。

幡影净空色，呗声契管倪。畅春建恩慕，前事述重提[三]。

原诗注：[一]在旧衙门行宫右。[二]是寺向住喇嘛僧。[三]皇祖为太皇太后于南苑建此寺，皇考为皇祖于畅春园建恩佑寺，丁酉予为圣母建恩慕寺于恩佑寺侧，盖兼用二寺之义。

## 永慕寺　乾隆五十五年（一七九〇）

寺据行宫右，向西所必经[一]。并提创恩慕[二]，深鞠仰慈宁。

此去叩八秩，如流逾十星。梵严即世教，皇祖缅遗型。

原诗注：[一]每谒东陵还，谒西陵，取道南苑，驻跸旧衙门，次日启銮，路必经此。[二]皇祖为太皇太后建此寺于南苑，皇考为皇祖建恩佑寺于畅春园，丁酉予为圣母建恩慕寺于恩佑寺侧，则兼二寺之义也。

# 阅武行围

## 南苑行围　康熙十七年（一六七八）

苑中闲教阵，无事静论边。不废时苗典，思周天下先。

## 海子北红门秋雨后行围戏作　康熙十七年（一六七八）

昼漏稀闻紫陌长，霏霏细雨过南庄。云飞御苑秋花湿，风到红门野草香。
玉辇遥临平甸阔，羽旗近傍远林扬。初晴少顷布围猎，好趁清凉跃骕骦。

## 南苑阅马　康熙十七年（一六七八）

渥洼龙种雪霜同，毛骨天生气格雄。八骏齐观南苑里，岂夸当日玉花骢。

## 大阅 康熙二十一年（一六八二）

南苑风高水潦收，旋催羽队肃貔貅。九天鼓吹鸣金镯，万乘旌旄拥翠虬。
马足过时残雪尽，銮声回处朔云浮。宣威端在承平日，自昔经邦有大猷。

## 海东青 康熙二十一年（一六八二）

羽虫三百有六十，神俊最数海东青。性秉金灵含火德，异材上映瑶光星。
轩昂时作左右顾，整拂六翮披霜翎。期门射生谙调习，雄飞忽掣黄绦铃。
劲如千钧激砮石，迅如九野鞭雷霆。原头草枯眼愈疾，砉然一举凌高冥。
万夫立马齐注目，下逐鸟雀无留形。爪牙之用安可废，有若猛士清郊垧。
晾鹰筑台存胜迹，佳名岂独标禽经。

## 己酉夏南甸大阅二首 雍正七年（一七二九）

其一

陈师鞠旅卜良朝，万里糇粮备已饶。习战自能闲纪律，临戎惟在戒矜骄。

剑莹鹴鹔清光闪，旗绕龙蛇赤羽飘。听彻前锋歌六月，云台合待姓名标。

其二

风拂榆槐晓角鸣，筑坛选将命专征。飕飕羽箭穿杨巧，猎猎云旓耀日明。
万里玉关平虏穴，三秋瀚海渡天兵。裹粮带甲须珍重，扫荡尘氛远塞清。

**朕御极七载宵旰万几未遑他出己酉夏因命将远讨誓师于南海子缅怀曩日侍奉皇考巡幸此地色笑俨在目前而龙驭杳然邈不可攀俯仰徘徊曷胜今昔之感爰成一律以述追思**

雍正七年（一七二九）

花开野甸不知名，接辔依然辇路平。细草当时随驻跸，垂杨此日绕行营。
河山满目音容邈，风景关心岁月更。禁旅多年蒙教养，畀余戡定作干城。

## 秋日南苑射猎

雍正七年（一七二九）　弘历

秋围不与春围同，望望林翻落叶风。才入苑门平野阔，马驰鹰疾到行宫。

云澹寥天晓气寒，晨围未放日三竿。貂裘才着如春暖，不道群儿衣正单。
射猎承恩已近冬，平原不见草茸茸。合围亲获郊关鹿，策骑如飞进九重。

## 海子行围同闻之蔡先生五弟读杜子美秋兴诗分韵得肉字

雍正七年（一七二九） 弘历

秋晓猎平原，露重林如沐。归来息离宫，绕砌开黄菊。
岂以漫游荒，往籍闲披读。维昔天宝初，杨李窃威福。
道旁有饿殍，朱门餍粱肉。渔阳鼙鼓来，惊破霓裳曲。
杜老时随征，殷忧积诚笃。伤心秋兴诗，令我劳往复。
硬语蟠虬松，苍浑神味足。锦江波浪愁，巫山眉黛蹙。
何如屈问天，空同贾赋鵩。遥遥千载心，文囿仰芳躅。

## 行围 雍正八年（一七三〇） 弘历

春郊萌动沐阳和，嫩草新抽翠欲波。回首凤城佳气绕，林风时送牧童歌。

芳圻剪剪草痕生，柳浪听莺莺未鸣。猎骑云驰心更惬，平原千顷不曾耕。

## 春日雨后海子外行围

雍正八年（一七三〇）弘历

雨后观新柳，垂丝带玉珠。村村生意足，处处早春殊。
马健方堪骋，鹰雏未解呼。万家烟火里，蓑笠快何如。
绣陌连芳屿，韶光十里繁。绿深杨柳岸，红暗杏花村。
时雨占年稔，新晴爱日暄。游观回勒晚，残照落柴门。

## 郊围见西成有象即事志喜

雍正九年（一七三一）弘历

去冬雪盈尺，占之利东作。今春雨如膏，可卜丰登乐。
一自入夏来，云汉光煜爚。崇朝歇甘霖，祝融扇炎灼。
圣皇念民艰，忧勤倍咨度。对越保无斁，昊天鉴诚恪。
未几三日雨，沾濡遍村落。庭除景色佳，苔痕茂参错。
那知郭外田，良苗助长若。承恩猎南苑，平野秋风掠。
气爽马蹄轻，天高鹰眼矍。合围出红门，更觉郊原廓。

行行历野店，去去穿林薄。中林施兔罝，歇骄奋噬搏。
田事亦云毕，农夫罢秋获。晒彼场圃间，黄云堆漠漠。
妇子利秉穗，老幼饱藜藿。从识天人理，应响如鸣鹤。
宵旰圣人心，顿起下民瘼。太平征有象，永言志其略。

## 南苑观鱼

雍正九年（一七三一） 弘历

霜寒秋水澄，镜光天一色。泼泼巨鳌鱼，潜跃咸自得。
猎罢解征鞍，网罟颇谙识。观鱼寄我情，岂为贪口食。
鲲鲕夙有禁，留以繁生息。为语捕鱼儿，取之不可极。

## 驯象歌

雍正九年（一七三一） 弘历

皇灵赫濯昭八荒，西极咸池东扶桑。于阗盘况求王章，岁岁奉贡来九阊。
厥贡惟象象云驯，庞然巨体性孔良。金羁锦襜饰身首，正朝分立金门旁。
玉辂金辂高数丈，驾缚安稳行堂堂。升平仪卫匪异物，屹然排仗威遐方。

我闻象形如珂雪，又闻象力绝羁纆。生花拄地曾耳听，究竟未见嗟荒唐。
辛亥九秋猎海子，路西却过驯象房。因缘一览惬宿愿，长准大武诚昂藏。
蛮奴五六踏其背，随所使令如驱羊。或俯厥鼻一叩地，特作鼓声鸣镗镗。
仰天时亦戛长韵，鼻孔呕哑吹笙簧。渴来吸水尽巨瓮，俄然喷出如西江。
作乐昔曾效率舞，占星闻说散瑶光。狻猊狮子称善吼，山林讵足供庙廊。

## 白马行

雍正九年（一七三一） 弘历

秋阳皎皎秋风起，千山万山收红紫。南苑平芜晓色寒，游丝白日长空里。
我从前岁罢秋围，经年未到南海子。重来历历忆旧游，真教见猎心犹喜。
黄羊麋鹿满平郊，捷射争夸驰騄駬。就中白马夙我随，德力相谙已久矣。
神姿崷崒隅目荧，峻骨昂藏骢上指。阙织鞍稳革鞚牢，牵来不骑且熟视。
翘然长鸣向我前，意气棱棱蹄股峙。旧闻天马老能行，雄逸何用加鞭棰。
合围少试秋草原，骁腾未改旧时美。一驰射中双兔儿，再驰殪彼一封豕。
亟命解鞍休息之，秣以甘刍饮以水。劳尔汗血历有年，爱护驯良宜若此。

岂令老却青丝络，盐车伏枥终厥齿。但使长游坰牧间，一年一度一骑尔。

## 将猎南苑检点所携书籍

雍正九年（一七三一）　弘历

天高秋气肃郊坰，南苑将除信宿停。检点行縢整书籍，不因校猎废谈经。

## 校猎阻雨

雍正九年（一七三一）　弘历

崇朝秋雨细丝丝，草湿平原滑似脂。罢却行围何所事，吟诗未稳独寻思。
阁道游廊斗角齐，侵阶嫩绿草萋萋。却怜苑外随围者，上雨旁风下浊泥。

## 辛亥秋九月出南苑行围以穑事未竣不果猎而还

雍正九年（一七三一）　弘历

枷翻云板敲场圃，钱利霜刀刈大田。一幅豳风图画似，肯教猎骑误民天。
霜后平原地已坚，青骢不用锦连钱。相逢野老扶儿笑，今岁丰收倍往年。

## 鹰搏兔　雍正十二年（一七三四）弘历

风吹衰草寒飕飗，苍鹰在臂凝霜眸。瞥然狡兔走平畴，三窟已失空含愁。高盘云翮孤星流，厉爪下击势更遒。怒气一奋谁能收，嗟彼韩卢有技徒增羞！呜呼！汝鹰性匪柔，却邀富室千金求。古来英鸷半埋没，凡雀嘈沓何其稠。

## 海子外行围　雍正十二年（一七三四）弘历

朝雾敛秋空，遥天白如水。猎骑出郭门，寒郊行逦迤。箭逐双雕飞，鹰伺群雉起。相逢倚杖翁，农话斜阳里。悠扬墟里烟，澹挂疏林紫。归鞍拂晚风，猎罢心犹喜。

## 南红门捕鱼　雍正十二年（一七三四）弘历

烟蓼亚寒汀，澄波漾秋浦。垂纶玉镜明，潜鳞堪指数。萧然秋意深，数声离岸橹。渔笛横西风，云山入新谱。

## 南苑获野禽恭进皇太后 乾隆四年（一七三九）

积雪满郊坰，三冬农务停。鸣笳齐队伍，布令疾雷霆。马足奔如电，鹰眸迅似星。山禽味鲜洁，飞骑进慈宁。

## 大阅 乾隆四年（一七三九）

时狩由来武备修，特临南苑肃貔貅。龙骧选将颇兼牧，天驷抡才骥共骝。组练光生残雪映，旌旗影动朔云浮。承平讵敢忘戎事，经国应知有大猷。

## 捕鱼 乾隆四年（一七三九）

万顷沧波绿，千鳞锦鬣红。中流鼓枻处，乐与众人同。

## 阅马 乾隆五年（一七四〇）

平原草色着霜初，试阅天闲万乘余。凤耳临风多騕褭，龙鬐耀日有驔鱼。

漫夸唐牧张千锦，何用周王历八虚。燕市骊黄抡选遍，遗材犹恐伏盐车。

## 射鹿行 乾隆五年（一七四〇）

金飔猎猎吹旌旗，秋狝试合平原围。平原有鹿硕且肥，呦呦母子相追随。虞人甸人争逐之，小鹿跳跃虽无知，老鹿顾复独含悲。念彼物类犹仁慈，爱命解网任远驰。匪余小惠拯其危，物亦有伦人胡遗。呜呼射母不射子，明帝虽贤全半美。

## 射猎南苑即事 乾隆七年（一七四二）

旭影曈昽射彩旓，虞旌初建趁中秋。马嘶平野金声肃，箭落轻莎露气浮。

增城门外接村坰，禾黍垂黄菜麦青。今日翠华凭赏处，要知忧思几番经。

韎韐櫜鞬列羽林，当秋文囿偶经临。承平讵肯忘戎事，万户饥寒更惕心。

翼翼堆场皆早稑，累累悬架足秋壶。豳风底用丹青笔，十里烟郊入画图。

北红门里仲秋天，爽气游丝拂锦鞯。行过雁桥人似画，踏来芳甸草如烟。

南苑宜秋宜猎时，禾香风满赤鸾旗。少年熟读相如疏，每至欢娱鉴在兹。

榆槐黄染野花殷，策渡时过水一湾。千朵青莲万章锦，却教人忆塞中山。
省耕省敛古曾闻，望处西成意亦欣。漫把丰年容易看，几多忧虑廑宵分。

## 秋日奉皇太后幸南苑射猎 乾隆九年（一七四四）

轻舆飒爽恰相宜，巡幸常承色笑慈。最是高秋应射猎，果然佳景副吟诗。
草垂新白露中穗，树带余青烟外枝。少小经行今壮大，寒原依旧昔年时。

## 郊行即事 乾隆九年（一七四四）

拂雾金飔猎翠旌，六飞迤逦出增城。合围兼阅西成景，不是秋郊浪漫行。
仓箱栉比复墉崇，更喜王畿千里同。尽道有秋获望外，回思午夜剧愁中。
与与东亩接西坪，历历秋郊一畅情。愁是我应能不喜，底须谀者诩丰亨。

## 马嘶 乾隆九年（一七四四）

不为騄駬为騕袅，横秋独韵彻云表。闻鸡起舞壮士心，守在四夷王者道。

## 春日南苑行围即事杂咏 乾隆十一年（一七四六）

田马调惟佶，春晖丽载阳。平明出云阙，迤逦度烟庄。
南苑三宫近，材官七萃良。武功伊古重，时举岂禽荒。
小大从民愿，蒐苗以暇修。土膏犹未动，毛氄尚多柔。
松籁纷笳吹，冰澌杂玉流。晴明直北望，瑞拥五云楼。
堪咏车惟好，难方囿是灵。村烟遥带白，苑柳迟拖青。
迥野扬旌过，平畴问稼停。获来新射鸭，中使进慈宁。
旷景夙所悦，春光聊自评。有无参草色，上下递禽声。
藉以明三作，兼之畅六情。何须诩他藉，嗟彼亦生生。

## 阚虎骝惜辞 乾隆十五年（一七四六）

我之十骏皆权奇，昔纪诗歌并图取。就中巨擘乃有三，万吉[一]霹雳[二]及阚虎[三]。
曰骥曰骧早物化，惟汝骝存镇天围。向资汝力效腾踔，那教于菟潜林莽。
迩来齿长宜就闲，英气轩轩压群马。不必受鞍宛相识，昂藏似欲迎人语。

心有余兮力不足，使我不忍频顾汝。太仆刍秣岁有费，筋埋肉胀多难数。
信惟骝也不虚縻，左氏有言相譬举。今虽老矣无能为，犹退秦师烛之武。

原诗注：〔一〕骊。〔二〕骧。〔三〕骝。

## 猎 乾隆十五年（一七四六）

青郊小队试春蒐，弓燥由来趁手柔。拂柳乍教轻骑过，射獐宛忆少年游。
五旗不易都随指，三网嫌多漫概收。讲武诘戎自家法，还因孳育闵虔刘。

## 行围二首 乾隆十八年（一七五三）

春郊小试羽林群，黄纛中间两翼分。射兔忽看南苑近，横墙一带接晴云。
红门直北隐乔林，质朴村甿悦我心。申命驰驱须择地，恐防蹂躏麦抽针。

## 阚虎骝 乾隆十八年（一七五三）

旧时所御良马三，今惟骝独存。老不胜驰驱，命育之南苑，圉人牵以来職前，顾恋如不舍。畜有若是信乎，其称良也，以视食人之食而不知报者远矣。

养老育林苑，驰驱将廿年。惊看来硕果，宁忍被文鞯。骦[一]骕[二]今何在[三]，骅骝幸尚全。衔恩遘良遇，合号马中仙。

原诗注：[一]万吉。[二]籥云。[三]所谓三良马也。

## 射兔 乾隆十八年（一七五三）

春甸绿茵芊，爰爰跃伏跧。不无犹喜猎，聊尔试抨弦。

获七宁须久[一]，中双那数连。成诗吟马上，彷佛卅年前。

原诗注：[一]是日凡驰射七兔。

## 行围 乾隆十九年（一七五四）

南苑临春暮，青郊试小蒐。略观虞者技，宛忆少年游。

劳众宁堪亟，携孙自有由[一]。翻犁见耕父，咨穑每延留。

原诗注：[一]今年两孙皆八岁，因携以来，示之度也。

## 行围三首 乾隆二十年（一七五五）

其一

绿原小试佶闲骝[一]，俞骑鸿絧认五斿。胜日寻芳兼示度，雕龙何用赋春蒐。

其二

露润青衢草气醃，阳和举目化机含。季登漫诩中双兔，一日双还倍彼三[二]。

其三

生风耳后最豪情，付廿年前绣壤平。不废武还思谏猎，个中吾自有权衡。

原诗注：[一]所乘马名。[二]是日，凡射中八兔，故云。

## 行围三首 乾隆二十三年（一七五八）

其一

春郊取便命春蒐，弓燥偏欣手更柔。绿野平铺天鹿锦，好教亲试佶闲骝[一]。

其二

正谏相如信不诬，习劳亦欲示烝徒。若云今古非殊致，封建井田行得无。

其三

小豝大兕曾何必，四兔一獐适可哉[二]。顾语侍臣今较劣，有人曾见少年来。

原诗注：［一］所御马名。［二］是日亲射中者。

## 阚虎骝歌

乾隆二十三年（一七五八）

我之十骏皆权奇，其九敝帷一已老。老者其名阚虎骝，十里巨擘匹者少。齿长休养又多年，硕果不食犹英矫。每来南苑必牵视，顾我长鸣意如恼。承平致力无过猎，何由却出古北道。马乎马乎尚若斯，固宜人中有结草。

## 射兔

乾隆二十三年（一七五八）

兔之大也不踰尺，十或五中已称贤。鹿之大也十倍兔，十亦不过五中焉。以鹿例兔其的易，应无虚发奚犹难。乃知难易在射者，的大心大失固然。虱如车轮理若是，御寇奇语传精诠。僚丸秋奕匠石斲，皆其见针不见天。素位各有应尽事，唐虞未臻吾愧旃。

## 佶闲骝歌 乾隆二十三年（一七五八）

骥不称力称其德，佶闲骝者德力全。万吉[一]帷裹阚虎[二]老，继其后者惟斯焉。去秋大蒐木兰鹿，箭不虚发倒应弦。今春小试南海子，惊獐蹙毙无劳鞭[三]。喷玉逐星乃余事，驯良若此谁比肩。储英惠骏备天御，吾更因之廑育贤。

原诗注：[一]骊。[二]骝。[三]凡马遇兽近身，未有不骇轶者。时有獐奔从胯下窜过，骝飞驰如故，蹙之而仆，回鞚辄命中。

## 南苑行围杂咏 乾隆二十三年（一七五八）

盘谷回銮携贵山，柏冬苑景益萧闲。先来大狝均曾预[一]，小狩应教视此间。草枯广甸马蹄轻，迭中非夸技擅精。惊喜从他远方讶，欢呼验我众人情。疏芜澹霭接寒林，勒马凝思亦偶吟。二十年前习猎我，原无尔许创垂心。

原诗注：[一]上年左部哈萨克及今秋布鲁特赴觐木兰，皆得随猎，今右部哈萨克等继至，携赴南苑阅武锡宴，乘便行围，亦令其随列预观。

## 仲冬南苑大阅纪事 乾隆二十三年（一七五八）

廿年一举宁为数[一]，周礼分明节候论。便设军容示西域，伫看露布靖坚昆[二]。
好齐以暇千旓飐，既正还奇万炮喧。风日晴和士挟纩，非予恩也总天恩。

原诗注：[一] 乾隆己未大阅至今盖廿年矣。[二] 迩日盼将军兆惠喜音殊切于怀。

## 二月三日幸南海子有序 乾隆二十八年（一七六三）

紫籞敷筵，乍过颁春以后；红门候仗，方当作社而前。念西蒙陪使将归，俾南苑首途载遣。时乃日长熊馆，草痕细簇马蹄；风暖鹰台，林影徐翻鸠羽。得气验神皋温宴，古苔已绽双槐；循名知陆海膏腴，新溜常飞一泊。爰征近卫，还参典属材官；偶试初围，不校司衡簿正。值嘉汇昭苏伊始，讵效三畋？臻遐陬绥靖以还，宁弛九伐？眷尔朝元奉表，未预随猎骑秋行；咨予纪岁留题，频回忆军书夜治。因抒即事，以志缘情。

庆节难辞宴赏频，诘戎欲示远徕人。櫜鞬御马非从鹿，帕帻趋涂仰集鳞。
信宿言旋宁玩日，群生资养惜当春。武成犹此不忘武，王国声灵被海垠。

## 入北红门小猎即事四首 乾隆二十八年（一七六三）

其一

出城十里到红门，近也虞丞典制存。却历五年方一至，迅哉何以驻高奔。

其二

朝家武备万方钦，略示西戎寓意深。何必三驱诩他藉，此来本不为从禽。

其三

苑中小猎心犹喜，习气了知未易降。臂痛虽然艰射鹄，马驰中兔尚连双。

其四

广甸土苏多作泞，挥鞭视马力徐驰。为思积潦疏消处，春种可能不误时。

## 杂言 乾隆二十八年（一七六三）

弗善马射者，弓力欲其弱。善于马射者，弓劲乃气作。
臂痛步射艰，马射犹自若。可与知者言，不知如蜡嚼。
木兰九月回，数月久闲却。春风小试蒐，豪情殊踊跃。

狡兔连中双，是盖夙所学。以今屈支观，一亦艰射着。
隔宿手已胼，臂疢增于昨。习逸所致然，言之面先怍。
昭烈髀肉生，其叹有雄略。枚叔讥肥脓，命曰腐肠药。
杂言鲜错综，藉用自斟酌。

## 南苑小猎即事杂咏　乾隆二十九年（一七六四）

百年寺宇事重新[一]，卜吉落成展礼亲。小猎却缘来宿便，漫同冬狩拟时巡。
木兰回后射何曾，马上金弓[二]勉始胜。却觉屈支失调习，可应警语忘枚乘。
今来不是少年身，择地徐驰谏猎循。双兔中连犹觉愧，何当奇事赋文人。

原诗注：[一]苑中永慕寺、元灵宫，皆因年久重事新葺。兹以仲冬月中浣落成，躬谒瞻礼。道便，小试行围。[二]御用弓以金桃皮饰之。

## 南苑　乾隆三十二年（一七六七）

路便临南苑，春郊试小蒐。草轻马逾疾，弓燥手还柔。

业已三年阅，因教四日留。前题巡壁读，只觉岁时遒。

## 问和亲王尚能马射否辞以臂病因成是什志兴

乾隆三十二年（一七六七）

臂病尔我同，马射我胜尔[一]。那忘卅年前，逐兔争驰此。
满眼领儿孙，苍颜对兄弟。然岂可言老，承欢永萱戺。
图逸尔或可，习劳我难委。一围连中三[二]，亦足言止矣。

原诗注：[一]迩年因臂痛不事步射，然每遇行围，马上命中则仍如昔也。[二]十三日早，由南红门至旧衙门，途中行围，连射三兔，中之。

## 春蒐

乾隆三十六年（一七七一）

春蒐讵是蒐，路便小清游。弗为取多兽，聊因试骏骝。
鞍轻身觉重，弓燥手非柔。枚乘传七发，分明诮我不[一]。

原诗注：[一]自去秋木兰回跸，不乘马持弓矢者数月。兹路便小猎，觉人马不相习，未数射而力已倦，宴安酖毒，古人所以为戒也。

## 射虎行 乾隆三十六年（一七七一）

虎圈养虎林丞守，官家备物无不有。饲以久徒费以多，殪之每试佽飞手。南苑殪虎宜何处，往例晾鹰台陈旅。虎枪比肩立周阹，于菟欲避无去所。出柙莫问谁之过，曳尾那有猛风作。槛中积威约致然，马迁语固非虚播。弯弧偶亦射毙之，比孱兔耳何足奇。木兰昔乃真射耳[一]，忆子布言今弗为。

原诗注：［一］乙亥秋木兰行围，虞人报有虎，率虎枪击刺，虎忽逸出，众莫敢撄。其日有厄鲁特新附者来观，因驰安吉骢及之，壹发而殪。曾作《射虎行》纪其事。

## 小猎三首 乾隆三十九年（一七七四）

其一

围墙近以种田周，柳外平原布猎驺[一]。适可而行适可止，此来非特为春蒐。

其二

业已围陈旷野间，罢而弗用似耽闲。设云爱物当春令，尔雅曾无蒐字删。

其三

磬控自知不及前，挽弓毚兔获才连。艳称双中曾嗤彼[一]，今日翻嗤我亦然。

原诗注：[一]近海子墙设庄头种地，植柳为限，其外平原皆猎场。[二]乙亥春南苑行围，一日射中八兔，因有『季登漫诩中双兔，一日双还倍彼三』之句。今日小队行围，射兔，仅获其二。忽忽二十年，竟如向之所嗤，实堪自哂。然余春秋六旬有四，犹能骑射中双，虽未符昔日所云，差足验习劳弗懈之志，非徒夸精力未衰，藉以解嘲耳。

## 小猎

乾隆四十一年（一七七六）

行行路进海子门，猎骑循例候平原。一自臂病罢射鹄，马射依然弗厌烦。昨冬以来艰支屈，兹并马射亦觉难。虽云见猎心犹喜，力不从心实赧然。控弦不满发矢弱，毙一孱兔增腆颜。解之者徒虚誉武，廿发十九中昔传。高龄罢射斯其可，诘戎宁系身为先。顾而笑之我弗取，即今随者多少年。廿发十九中谁见，百闻不如一见焉。甫经定功可耽逸，昭烈致叹意应存。

## 小猎 乾隆四十七年（一七八二）

昨日大风今日澄，既来斯安猎可止。国家蒐狩寓诘戎，匪今斯今慎乎此。
鸿絧俞骑排广场，我亦因之试弧矢。臂病多年射鹄艰，借马之力犹能尔。
爰爰之免中其双，其中自不解何以。久经见者笑逊昔，兹初见者犹惊喜。
笑者喜者我俱惭，古稀未息肩而已。

## 题射兔玉鞢 乾隆四十七年（一七八二）

步射已疏马射可，一驰三获惭犹生[一]。却嗤御箭中双兔，何致夸吟薛有诚。
前日获双今日三，故知事以习而谙。却思乙亥连中八，相较兹惟供谑谈。

原诗注：［一］向在南苑曾一围连中八兔，有诗纪事。今只获三，知不如昔矣。

## 仲春幸南苑小驻跸之作 乾隆五十一年（一七八六）

南苑曾无廿里赊[一]，平明清跸出闉阇。春蒐阅岁又三岁[二]，孙辈成家凡几家[三]。

欲试武功工控纵，讵宁文艺诩风华[四]。所为汲汲思亲率，略愧长年力不加。

原诗注：[一] 自午门至南苑北红门才十五里。[二] 壬寅至今丙午，又过三岁矣。[三] 此数年间，孙辈成家又五家，既已长成，欲因小猎亲试其弓马也。[四] 皇子皇孙辈不患其不文，但患其忘武。

## 题穿杨玉韘

乾隆五十一年（一七八六）

述古由基韘刻图，穿杨说已辨其诬[一]。设如指叶期必中，尽信书曾不若无。

原诗注：[一]《国策》称养由基去杨叶百步而射之，百发百中。杨叶宽长仅分寸计，于众叶中指其一，点朱识之，即离娄之明不能辨，安能百发百中？盖谓中一杨树耳，向尝着《穿杨说》详辨其诬。

## 锦云良骏歌

乾隆五十一年（一七八六）

甲辰之秋猎木兰，一箭曾以殪双鹿[一]。乙巳之秋猎木兰，惊狍奔迸穿马腹[二]。是皆御此锦云骏，合以为图纪俊独。中鹿飞驰乃其常，虑近乎夸吟兴束[三]。狍过弗惊则真驯，可阙长言咏英躅[四]。即今南苑小试蒐，何异清道后驰逐。

骥不称力称其德，骏有之哉越凡畜。老年大异壮年时，弗待谏知弗及夙。然因即事忆相如，宁渠兴轩增面恧。

原诗注：〔一〕围中双鹿并驰，射中，箭穿中其并驰者，亦毙。〔二〕狍自马腹下穿四足而过，而马稳驰如常，并弗惊轶。〔三〕甲辰并未成咏。〔四〕去岁自木兰回跸，方命画院为图，今始成，携至南苑，因成是什。

## 戏题张照南苑大阅诗 乾隆五十三年（一七八八）

大阅惟因旧典沿，初行例合进诗篇〔一〕。忘规祇颂固无可，众口同辞少有鲜。铸史镕经出独撰，爱书藏架此多年。笑他位置张学士，一展看常一辗然〔二〕。

原诗注：〔一〕乾隆四年冬，予初于南苑大阅，亦惟遵守家法，率由旧章。时群臣皆恭进诗篇，为铺张扬厉之辞，如张照诗册，学有根柢，书格亦峻整有法，因爱而藏之于此，嗣每驻跸，辄加展玩。〔二〕诗册后幅有『惟以习劳，无伐可张』之句，下文即接学士臣照云云，乍视之若自着其姓为张学士者，然张照曾任刑部尚书，继以获咎革职，是时复加恩，用为内阁学士。诗词高自位置，巧于寓意，而又近乎东方朔之谈谐，予固早烛其隐，特爱其文高书古，每一展册，为之辗然。

## 小猎即事 乾隆六十年（一七九五）

携元[一]厘武阅，侍祖忆恩荣[二]。试射一枝箭，能开两力弓[三]。
康强犹此我，八五弗称翁。深沐苍穹泽，惕乾益亶衷。

原诗注：[一]孙也。[二]予以十二岁受皇祖眷顾之恩，此来携带元孙载锡，年亦十二。皇祖曾谓予之福大，由今思之，皇祖只及曾孙，未得亲见元孙。是以永字一辈，乃皇祖所命名，绵字、奕字、载字者，皆予所命。载锡年已长大，不数年，予又可以得见来孙。盖皇祖之笃爱，直已见及今日，予之感慕，曷其有极。[三]予自幼龄肄习武事，即位后，以骑射为我朝家法，不敢少疏。忆乾隆初年，用五六力弓钩闾裕如，至癸亥年初诣吉林时，竟用至九力而舍矢命中，幸不虚发。嗣以年逾六旬，臂痛不复步射，而近年围中马射即鹿，犹能如前，虽弓力渐减，尚不下三四力。今日苑中小猎，用两力半发一矢竟未中，诚可忸也。虽众誉康健，而予已八十五岁，原不以筋力为强，望九之年犹能如此，实惟天恩祖德之所垂佑，亦曷敢不日益孜孜以自勉励耶！

## 晓猎即景 乾隆六十年（一七九五）

平芜排猎骑，分队认旌旗。命中乌号劲，追奔紫电驰。

春风云欲卷，冬雪草留滋。即目心神畅，刚柔磬控宜。

## 南苑合围 乾隆四十一年（一七七六） 颙琰

羽骑驰芳甸，凌晨正合围。三驱严纪律，一发仰神威。
碧水春流阔，高台夕照微。由来传解网，圣度越前徽。

## 海子较猎即事 乾隆六十年（一七九五） 颙琰

帝京南望近红门，讲武欣来春正暄。云路当年怀雁序，天家此日集麟孙。
柔莎帀地烟光远，细柳抽条气候温。见猎心欢年少习，八旗禁旅列营屯。

## 打鱼歌 乾隆六十年（一七九五） 颙琰

一溪鸭绿春波活，天光倒影晴景豁。渔人网集岸柳湄，鳞族纷拏难跳脱。
网疏网密随所持，非獭驱也鱼偶罹。何如暂息机械手，圉圉洋洋乐自怡。

## 牛车歌

乾隆六十年（一七九五） 颙琰

马猎驰射夙所娴，牛车从禽资火器。缓行咿轧兽不惊，神枪命中难藏避。善御世乏王良手，车猎可暂奚可久。还须磬控骋骅骝，弧矢宣威志长守。

## 甸猎

嘉庆元年（一七九五）

习武熙朝重，春蒐正及时。风轻人趁爽，草浅马飞驰。逐兔回旋疾，弯弧磬控宜。凭舆瞻有喜，家法子孙知。

## 忆昔六韵

嘉庆八年（一八〇三）

少年习蒐狩，南苑每春来。师友讲筵启，弟昆射圃开。逐毚饮鹿泊，试马晾鹰台。荏苒乌轮速，消磨雁序摧[一]。几经新岁月，深感旧栽培。永慕考恩重，亲亲厚泽恢。

原诗注：［一］予少时随四兄、六兄、十二兄每岁至此地行围匝月，今只余仪亲王、成亲王、庆郡王三人，曷胜追悼旧况。

## 平原小猎 嘉庆八年（一八〇三）

草浅沙平较猎宜，风和日丽仲春时。习劳戒逸钦先训，控骑弯弓守旧规。曷敢游畋废庶政，克勤武备巩邦基。櫜鞬亲御三驱示，家法敬承奕祀垂。

## 季秋南苑小猎即景拈吟 嘉庆九年（一八〇四）

秋临南苑近重阳，四日周原试猎场。回首上兰期改岁，我朝武备守前章[一]。草浅林疏稚兔肥，西红门北展旌旗。骅骝磬控欣娴习，试上沙冈猎一围。衙门新旧溯前明，提督貂珰任妄行。时异名存昭鉴戒，坚持大柄巩皇清[二]。

原诗注：［一］控弦驰辔习自髫年，不以天家而弛武备也。仰见我朝威弧，开国规为家法之良，诚非往代所能及者。予旧章敬守，肄武情殷，今秋虽未得于塞山大合，即此平原小猎，亦足以试我三驱之度耳。［二］南苑为胜国蓄兵之地，立法之意未尝不可，乃纲纪淆紊，以军门之重寄委任貂珰，观其牙府崇宏，则当时之肆窃威福者，尚可问乎！良由维时君天下者，惟以晏安逸乐是耽，以致太阿倒持，而授人以柄。予每观前史，殷鉴萦怀，不敢稍事暇豫，万几时敕，慎握乾坤，以期我大清亿载丕基、金瓯永固也。

## 海子行围即事 嘉庆十年（一八〇五）

南苑春蒐忆昔年，平原小猎事殊前。骅骝称意宜驰辔，弧矢求精勉控弦。双柳旧阴仍茂密，三台新草倍芊绵。诘戎示度旋行殿，游豫无荒古训传〔一〕。

原诗注：〔一〕人君统御六合，事繁且重，法宫高拱，心在知依，故一游一豫，无非事者。况行围为我朝家法，曷敢有阙。予恪守前规，时怀古训，业业兢兢，此南苑春蒐原非徒事游观也。

## 春苑小猎示诸皇子 嘉庆十一年（一八〇六）

武备我朝重，春蒐旧典昭。屈支习劲矢，磬控御金镳。柳陌仍葱郁，椿庭久寂寥。后生应自勉，家法溯源遥〔一〕。

原诗注：〔一〕我朝开国以弧矢定天下，列圣相承，于习劳肄武之道，尤谆谆致意。每岁春和，令诸皇子于南苑习围，职是故也。予于潜邸时，敬遵成宪，未尝或缺。若恭遇皇考于此地及木兰亲御行围，则躬属櫜鞬，敬随左右。或承旨发矢命中，每蒙温谕垂示。兹予躬率诸皇子南苑小猎，追惟往事，提命如新。而家法钦承，将以昭示无极。是予殷殷启迪后人者，悉皆仰法我皇考身教诒谋也。

## 南苑春蒐 嘉庆十二年（一八〇七）

清跸临南苑，春蒐展广场。风和笼锦树，日暖漾芳塘。
讲武守先训，习劳率旧章。柔沙平似毯，逐狡控飞黄。

## 忆昔示皇次子皇三子 嘉庆十二年（一八〇七）

南苑肄武地，每岁开春田。髫龄偕昆季，雁行随后先。
芳甸排猎骑，驰射群控弦。行馆仍诵读，拈题书彩笺。
予承皇考泽，大宝明廷传。兹来感旧迹，驹隙如云烟。
述事示儿辈，继志功欲专。业广惟勤习，努力及少年。

## 平原小猎 嘉庆十三年（一八〇八）

小队展平原，羽林排甸猎。霓旌出柳梢，鱼贯骑连接。
习练寓诘戎，心手务相协。磬控驭飞黄，岂必追狡捷。
南苑韶序深，迎眸皆绿氈。津门清跸旋，新诗满吟箧。

## 小猎即事 嘉庆十五年（一八一〇）

髫龄习弧矢，家法永昭垂。已过五旬纪，初来六岁儿[一]。
据鞍宜磬控，遂狡偶追驰。示度以身率，子孙勉迪知。

原诗注：[一] 我朝家法，皇子辈初就外傅，即令兼习骑射。皇四子绵忻，本年初届六龄，前于三月初六日，已令至尚书房读书。兹来海子接驾，即命其随从观猎，竟能乘马行走，无论臣工子弟，断无其事，即在东三省即诸蒙古之以此为生者，令其于孩提时如此服习，恐亦不能。良由先世贻谋至善，凡事皆端本于蒙养之年，而骑射尤为国家本务所先，故应遵守勿替。予率由示度，亦惟教子孙迪知彝训焉尔。

## 南苑大阅 嘉庆十七年（一八一二）

大阅国家重，多年未举行。士闲恐失教，世治莫忘兵。
六代临寰宇，八旗练俊英。山河敷渥泽，带砺守宗盟。
丙岁鸿基受，壬春钜典呈[一]。晾鹰台峻峙，饮鹿沼修平。
组练千军列，貔貅万骑萦。乘黄[二]巡众队，擐甲视连营。

建帜捎云影，排枪殷地声。止斋闻鼓进，严肃听螺鸣。
既览威仪整，应颁赏赉宏。投醪孚志气，挟纩洽恩荣。
爵自朝廷授，功由祖父成。有为新事业，无忝旧勋名。
固本先勤俭，服官首敬诚。推心乘考训，勖尔众干城。

原诗注：［一］大阅之典肇自太宗文皇帝天聪六年，嗣是列圣缵承丕绪，代有举行。至我皇考高宗纯皇帝，四举斯典，第四次为乾隆四十二年。予自丙辰践阼以来，每念肆武鸿规，不可久阙。爰于年前降旨，定期今春继举上仪，敬绍前烈。先命总理阅兵王大臣遍饬八旗火器、前锋、护军、骁骑诸营戒办训练。钦天监诹吉以闻，前期武备院张幄殿于晾鹰台，设宝座，御用甲胄、弓矢、櫜鞬咸具，八旗军幕亦依式列营。至期向晨，诸军出营就列，既成列，兵部堂官奏闻，予由行宫御晾鹰台，躬擐甲胄、佩櫜鞬，乘骑由中路至左翼正蓝旗，开鹿角门入队巡阅，至右翼镶蓝旗，开鹿角门出队，仍至晾鹰台升座临阅，诸军按进操演毕，乃振旅，兵部堂官奏礼成。于是行庆施惠赐食，颁赉自总理阅兵王大臣暨御前在事王大臣，下逮诸营将校兵丁等，普锡银币有差。我朝开国以来，军威显烁，伊古未闻。良由列圣继绳，神谟广运，当时际风云、奋桓拨者，盟府旗常，勋名具在。我皇考屡亲武事，综练戎机，教养旗仆之恩，特为周浃者此也。兹予寅承主鬯，虽时际升平，顾敢有忽于习劳讲武，乃与众臣期会于斯，躬巡行列，惟以继志述事为心，亦欲众臣无

忝先世成劳克着，有为之绩，则忠于所事，即所以世济家声。是予今日之举，庶几无负焉尔。［二］

是日乘安俊黄。

## 大阅礼成御宫门赐宴即席成什　嘉庆十七年（一八一二）

钦承家法教干城，日丽风和大典成。赐饷酬庸遍营队，肆筵示惠首宗盟。
貔貅组练陈南苑，带砺河山拱北京。世德作求根本固，皇清奕祀庆升平。

## 南苑春蒐　嘉庆二十年（一八一五）

平原宜肄武，小队展春蒐。逐兔马欣熟，弯弧手正柔。
习劳身益壮，行健典常修。示度儿孙守，毋忘永率由。

## 春阴　嘉庆二十年（一八一五）

春云出远岑，高宇结轻阴。迎夏将施泽，顺时愿继霖。
莎茵趁烟薄，柳絮逐风深。东作待滋沃，霏甘益慰心。

## 平安驈惜辞 嘉庆二十一年（一八一六）

良驈天闲冠，时乘十一年。健蹄行奋迅，骏骨性刚坚。
表绩镌残石，施恩裹故毡。积劳难服枥，飞去丽星躔。

## 南苑春蒐 嘉庆二十二年（一八一七）

垦辟良田兽不蕃，春蒐示度旧章存。昔年练习偕昆弟，此日殷勤教子孙。
羽骑合围饮鹿沼，佽飞服猛晾鹰墩。乘骢逐狡掺弧矢，敬业殚思念本原。

## 季春南苑 嘉庆二十三年（一八一八）

髫岁春蒐一月延，星霜已近六旬年。力勤志溯鸿猷远，肄武衷期燕翼传。
广陌柳丝绿初织，平皋莎毯碧将连。超闲良驈行芳甸，磬控从心幼习然。

## 西红门甸猎 嘉庆二十三年（一八一八）

东林焕彩上朝暾，甸猎初开向晓原。肄武试蒐练将士，习勤策马佩櫜鞬。

诘戎勿懈掺弧矢，溯典毋忘勉子孙。好逸厌劳根本弱，我朝旧业念长存。

## 启跸幸南苑作 道光三年（一八二三）

例举春蒐启正阳，康庄策骏缓丝缰。青含远近盈畴麦，翠漾高低夹路杨。
永念习劳时弗失，追思承泽怆难忘。浮尘野马情无尽，指点当年旧猎场。

## 南苑北红门内枪获三鹿喜成 道光三年（一八二三）

旧传飞放泊，宏阔帝京南。即鹿御威应，习劳喜素谙。
发机期中一，洞膈获连三。文囿饶春景，平莎晓露涵。

## 南苑较猎 道光三年（一八二三）

入望烟林曙色清，平原围合趁朝行。张弓不觉禽踪逸，纵辔还欣马足轻。
柳拂绿丝春正暖，草含青颖日初晴。时来射猎循家法，眼底风光旧日情。

## 南苑较猎 道光四年（一八二四）

芳原晴旭丽，草木尽含滋。雪霁围初合，沙平骏乍驰。云光看晻霭，旗影认谁披。即鹿循蒐典，三驱祖训垂。

## 南苑小猎 道光五年（一八二五）

好是芳春小猎时，弯弧即鹿紫骝驰。草含晓露花茵展，柳散晴烟翠带披。此日行蒐麈肄武，当年扈圣屡承慈。一鞭广甸高台迥，殪虦端因练士宜。

## 马上得句 道光五年（一八二五）

小队散平原，芳草一何碧。乘时偶莅之，较猎今异昔。今则趁朝旋，昔则归已夕。火器幼时谙，一发皆洞膈。

## 小猎即事 道光六年（一八二六）

广甸常春猎，今秋试控弦。旗开分晓旭，队合散轻烟。

草色黄兼绿，云光断复连。一鞭平野阔，即鹿忆当年。

## 季秋小猎至旧衙门得句 道光六年（一八二六）

飒飒西风秋气清，弯弧逐鹿马蹄轻。巍然远望高台迥，扈跸承欢暗怆情。
迷离草色半青黄，骑展平芜散野香。指点疏林环碧沼，昔年驰骋讵能忘。
别殿分来新旧宫，柳垂广陌认西东。泬寥一色舒遐瞩，肄武循时省厥躬。

## 季春南苑即事 道光八年（一八二八）

较猎经行熟，前明新旧衙。握兵容宦者，肄武自天家。
化俗先崇俭，居高贵去奢。后入务聪听，祖训凛无差。

## 题威应枪 道光八年（一八二八）

威应操持卅年久，而今欣遇艳光骝[一]。由来较猎常双获，目手心机精意遒。

原诗注：［一］马名。

## 小猎即事

道光八年（一八二八）

平原较猎忆当年，草浅风和景宛然。敬仰奎章不忘武，习劳岁岁凛仔肩。

绣甸张围骋紫骝，少年风景感如流。櫜鞬肆武遵家法，秋狝春蒐念永修。

## 殪虎戏题

道光八年（一八二八）

虎不出柙施火器，得心威应[一]中相连。岂同山泽服虓猛，聊且随机一哂焉。

原诗注：[一]枪名。

## 晓猎

道光九年（一八二九）

绣甸张围时肄武，櫜鞬小队暮春天。烟开双树清波活，林隐三台宿霭连。

电掣弯弧属往事，云从侍辇叹流年。制心制事须常懔，慎守鸿谟永不愆。

## 马上得句

道光十年（一八三〇）

春原较猎岁为常，家法钦承岂敢忘。以礼制心勿妄骋，今时昔日自分疆。

## 题威烈枪 道光十年（一八三〇）

承泽嘉名锡，除凶在禁垣。猝然真应手，武备遗儿孙[一]。

原诗注：[一] 嘉庆癸酉九月十五日，予在养心门，用此枪连毙踰垣二贼，蒙恩赐名威烈。

## 南苑阅武 同治十三年（一八七四）

风劲霜高万马骧，特临南苑饬戎行。八方无事边烽靖，七萃如云士气扬。岂是劳军来细柳，敢云纵猎效长杨。防秋略寓貔刘意，家法钦承戒怠荒。

# 节庆宴饮

## 驻跸南苑遣使恭进太皇太后鲜果

康熙十七年（一六七八）

日永离宫节候新，熏风早已献嘉珍。赤瑛盘内甘鲜果，奉进瑶池第一人。

## 赐哈萨克布鲁特等宴即席得句

乾隆二十三年（一七五八）

乌孙扫净玉门开，受号争先肯后哉。献马不须金马去，右宛今效左宛来。踵前露布相伯仲[一]，罢战康居总厕陪[二]。谁道蒲萄经岁久，三巡早各醉芳醅。

原诗注：［一］布鲁特东西二部，均于今秋觐谒而回。兹西部最远者，与哈萨克同至。［二］塔什罕城回人，先与哈萨克相争，今修好，同来入觐。

## 南苑赐哈萨克布鲁特塔什罕回人等观烟火灯词

**乾隆二十三年（一七五八）**

款关定筰复存邛，庆典频繁举仲冬。为耀光明逮疏狄，先陈曼衍引鱼龙。

灯火城南六十春[一]，重观因赉远来人。村民遥近扶携至，不禁金吾例可循。

百道流虹贝阙朝，光明仿佛上元宵。田蚕事例虽云早，已盼霏空六出飘。

后先接踵共来尊，难学萧王闭玉门。爆响连珠成捷报，便期早晚定坚昆[二]。

风定时暄夜正长，上弦魄影已腾光[三]。周家建子原正月，想是嫦娥也为忙。

鳞集应教一视同，避寒灯火夜深烘。高张黄幕三巡罢，讶似清凉万树中[四]。

翠火明灯玉树攒，化城蜃阁绛云端。元宵预借休相拟，惠远宁为好乐观。

万幕高竿揭野灯，半轮真是一条冰。肩舆宴罢还行馆，惕夕因心畏益增。

原诗注：[一] 康熙二三十年间，元宵盖曾在南苑陈烟火，后以建畅春园，率于彼度节，不复在此观灯者六十余年矣。 [二] 时我师方圆叶尔奇木城，日夜望捷音之至。 [三] 时十一月初五日。 [四] 山庄三十六景内无暑清凉后，即万树园，迩来观灯火、宴远蕃之处。

# 园居理政

## 曩因见雁念征南将士曾题截句今禁旅凯旋闻雁再作

康熙二十一年（一六八二）

上林秋晓净烟霏，每听征鸿忆授衣。此日诸军齐奏凯，衔书不用更南飞。

## 览河臣奏报洪湖水势

乾隆七年（一七四二）

淮河今何似，中宵未解忧。波臣势方盛，赤子尔何尤。
庐舍皆如舫，桑麻尽附流。每披灾疏报，似听泣声愁。
异涨知稍退，穷黎得慰不。空传一掬泪，为我达扬州[一]。

原诗注：[一]末二句用李白语。

## 南苑行宫晚坐忆经略大学士傅恒

乾隆十三年（一七四八）

依然庭宇静，揭尔研瓯闲。一室澄心处，两年睫眼间[一]。

冲寒怀硕辅，此际历重关。所愿明天讨，成功指日还。

原诗注：［一］南苑未至盖二年矣。

## 去岁冬月驻南苑行宫有忆经略大学士傅恒之作兹以金川平定恭谒孝陵景陵回銮取道南苑往易州恭谒泰陵驻跸行宫见壁间旧题辄迭原韵

乾隆十四年（一七四九）

早传三箭定，稍得万几闲。回跸经临便，逾年想象间。军声扬雪岭，舆颂溢桃关［二］。离聚何须论，心同孰往还。

原诗注：［一］经略大学士振旅而归，成都士民迎至桃关，歌颂载路，此所谓父老扶杖以观武成者乎。

## 即事四首

乾隆十五年（一七五〇）

其一

南苑重经因便道，慈宁钦奉为承欢。行宫一夜西风急，侵晓秋光马上寒。

其二

勤政孜孜敢即安，封章隔日计程看[一]。今朝海子离城近，引见宣传两部官[二]。

其三

书斋研席洒然清，小坐依迟静六情。晰理佩文心似昔，至今惭愧是躬行。

其四

竭吟陈迹是今春，此番今春迹又陈。禁屠适值因停猎，制诗先皇重圣人。

原诗注：[一]凡行幸隔两日一进本，御史封事及督抚奏折，皆随本发，而地方文武及扈驾诸臣进见更不在例。[二]雍正年间有旨，八月二十七日为孔子诞辰，禁屠宰，至今遵之。

## 海户谣

乾隆二十八年（一七六三）

海户给以田，俾守南海子。常年足糊口，去岁胥被水。

以其有恒产，不与齐民比。赈贷所弗及，是实向隅已。

我偶试春蒐，扫涂仍役使。蓝褛洵可怜，内帑宁惜此？

一千六百人，二千白金与。稍以救燃眉，庶免沟中徙。

并得贳春种，青黄藉有恃。道旁纷谢恩，菜色颇生喜。
尔喜我所惭，过不他人诿。

## 河南巡抚何煟奏报得雨诗以志慰

乾隆三十九年（一七七四）

山左知沾灵雨均，豫郊切为绻怀频。优膏同日霈上巳，及节三农利暮春[一]。
麰麦卜将登筥鹿，黍禾欣已起耕畇。京畿虽是犹堪待，释彼忧还念此谆。

原诗注：[一]何煟奏河南省城于三月初三午后密云连绵，至初五日午刻入土六寸有余，尚未止息，近省州县禀报大略相同，二麦滋荣，丰收预卜，且高粱早谷均当乘时播种，盼雨将两月，得此可转歉为丰，农民欣忭，其得雨日期与山左既同，而势亦略相似，足验沾被之广耳。

## 马驹桥碧霞元君庙落成是日瞻礼有作

乾隆三十九年（一七七四）

周礼或弗读，遂人久失职。治水并治涂，互因难惜力。
然古实用民，今惟发价直。国家之善政，从弗兴力役。

桥以跨川修，庙以镇桥饰。霈殷相得彰，落成值此日。清晓出东门[一]，村民多喜色。轮奂致瓣香，祈佑民福国。祥澍刚湿地[二]，归舆云破翼。优渥以为佳，降馨愧无德。

原诗注：[一]在海子东红门外。[二]正值微雨。

## 陕西巡抚毕沅奏报得雨诗以志慰

**乾隆**三十九年（一七七四）

秦川千里万民稠，民食全资三府收[一]。连日虽霏未成寸，暮春大霈始沾优。时同齐豫真徼幸[二]，泽望京畿转切愁。寄语誊章喜雨者，漫称吾德感天庥[三]。

原诗注：[一]毕沅奏秦川地广民稠，全赖西安、同州、凤翔三府属，岁获丰收，则通省均资饶裕，连日霡霂轻霏，时落时止，不成分寸，兹省城并近省州县，于三月初四日辰刻至初五日午刻，甘霖大霈，下隰高原，处处深透且云气浓厚，雨势甚广，远近定获均沾。[二]连日山东河南奏报得雨，皆系初四五等日，与陕西恰合，其沾透情形亦约略相同，三省相距数千里，同日均渥春膏，实为罕觏。[三]各省督抚奏报水旱则为之愁，奏报丰稔则为之慰，然未尝以此为督抚贤愚之征，若明示此意，将必有讳灾饰丰者，虽日后得闻，而民已受其害矣。

## 山西巡抚明兴报雨

乾隆五十三年（一七八八）

晋省报春雨，府州各以三[一]。寸深二至四，雪冷北殊南。

虽小较为泽，廑农向所谙。近畿颇亦似[二]，亟冀霈优甘。

原诗注：[一]明兴奏太原、汾州两府，及忻州、代州、辽州三直隶州所属，于二月廿八日得雨二三寸不等，又大同一府所属之天镇县及丰镇厅，同时得雪三四寸，该府地居关外节候，稍迟得雪亦可翻犁布种等语，据所报虽未为沾足，然较之未得雨者，究为被泽也。[二]近畿虽连次得雨，亦只二三四寸，尚未优沾，正殷盼望。

## 直隶总督梁肯堂按察使阿精阿各报雨诗以志慰

乾隆五十五年（一七九〇）

涿州六寸保阳五[一]，京县迤南似遍沾。未识豫齐泽何若，早教驰问递邮签。

原诗注：[一]梁肯堂奏于十二日由固安回省住宿涿州，是夜亥时雷雨数阵，至次日辰时雨势未止，入土实有六寸，续据按察使阿精阿奏，保定省城亦于十三日自丑至辰得雨五寸等语。

## 山东巡抚长麟奏报得雨诗以志事 乾隆五十五年（一七九〇）

迤东被泽早于此[一]，其右沾膏念及他。片刻心周数百里，胥因农务虑如何。

原诗住：[一]此间于十二日夜得雨，方意云势宽广，山左定可均沾。兹据长麟奏报东省于十一日已得甘霖，势甚滂沱，览奏稍慰。惟是折内止称泰安府属之泰安、肥城及济南府属之历城、长清、陵县、章邱等处俱已一律深透，其省西之东昌等府望泽之处曾否沾膏，并未奏及，不能不为驰念，因复传旨询问。

## 留京王大臣报雨诗以志愁 乾隆五十五年（一七九〇）

南瞻略惬矣，北望尚疑哉[一]。待以酉时至，沾称一寸才[二]。

依然土膏渴，空说麦根培[三]。每日匆匆过，愁原胜慰该。

原诗注：[一]今日清晨雨中启行，北望云势稍薄，即疑京城得雨未必深透。[二]酉刻据奏称，京城于十三日丑时得有雷雨，至寅时止，势甚绵密，约计入土一寸余。[三]二麦正当吐穗之时，渴待甘膏方能结实。有谓去秋雨多，麦根尚属滋润者，皆宽慰之辞，岂足信？

## 直隶总督梁肯堂报雨诗以志闷

乾隆五十九年（一七九四）

缱念南畿泽逮无，越朝方伯奏章胪。虽沾各属一二寸[一]，不慰翻增嗟以吁。

原诗注：[一] 京师已得优膏，而缱念畿南尚殷盼切。今日据梁肯堂奏称，初三日行抵新城途次遇有密雨，沾濡入土一寸，并称同日涿州得雨一寸、房山得雨二寸，景州于初二日得雨一寸，承德府属之丰宁县于三月廿九日得雨二寸等语，览奏未能慰。念古北口提督庆成则奏称初三日古北口得雨三寸余，其密云、怀柔、昌平、顺义各州县亦得雨三四五寸不等，是畿南一带不如迤北，仍须继泽矣。

## 成都将军内大臣侯德楞泰奏报荡除余匪三省肃清诗志感慰

嘉庆九年（一八〇四）

考心未了事，今日始云酬。平定幸三省，稽迟已九秋[一]。黎民虽免难，宵旰岂忘忧。永勉持盈念，长承天泽周。

原诗注：[一] 教匪起于楚，延及陕川，宵旰筹几九载，未尝稍释。虽肤功叠奏，巨憝皆除，而败残逃匿恃险苟延者，未得即时荡涤。先后敕额勒登保、德楞泰等，会办善后事宜。穷搜遗孽，务使根荫尽绝，莫乂闾阎，仍复与以时日，宽其处分，必期万全完善。兹据德楞泰奏报，剿捕余匪，逼出老山前于凤凰寨等处，先将续经为首之逆渠及贼目贼伙歼馘，擒获多名。各将领督率官兵，严密分布，设伏穷追，鼓勇争先，不与几微之暇。自八月十七至二十等日，各路又将深林藏匿及僻隘狂奔之零星残孽，或斩戮行阵，或槛絷解营，悉数划除，纤氛净洗。该处农民商贾俱已各安生业，永享升平，斯皆仰赖上苍垂佑。皇考鸿慈，蒇此安民之事，予原不以可释焦劳为喜，惟以上酬在天遗志为心也。

## 河东河道总督李亨特山东巡抚同兴布政使朱锡爵同日奏报济宁一带得雨情形诗以志喜

嘉庆十八年（一八一三）

瞻宵日夕望东南，慰念同时折奏三。省会连绵皆被泽，济宁浃洽遍霏甘[一]。

灌河滋责膏优渥，达旦入宵势畅酣。转旱为丰民乐业，诚欣诚感昊恩覃[二]。

原诗注：[一]山东省待泽甚殷，前经该抚奏报得雨未足，时为厪注。兹于十二日临驻南苑，得河东总河李亨特、山东巡抚同兴会奏济宁一带得雨情形，自三月初七日至初八日，密雨一昼夜，四效沾足，雨势所被，广远于河漕，农田均为顺利。又据山东布政使朱锡爵奏称，山东省城亦于三月初七日细雨如丝，廉纤竟日，复于初八日雨势连绵，各属得雨可期普遍。二麦一律芃茂，大田亦可翻犁播种，洵属甘霖，应候黎庶腾欢。览奏殊为欣慰。

[二] 东省漕河水道，毗连江境处所最关紧要。前因微山湖本年水源较弱，曾降旨令该省河臣、抚臣查明东省各泉源，大加流濬，并先将独山湖积水畅注江境运河，再以微山湖水接济，务使粮艘驶行无滞。兹据河臣、抚臣会奏，此次济宁一带大沛甘霖，独山湖水口畅出下游，日见增长。江境邳宿运道，足资铺灌微山一湖，正可使其渟蓄渊深，留为挹注之地，而专以汶水济，分水闸迤北河道，是该省获此渥泽。该河臣等得以因势利导，正与予指示机宜相合。此皆仰荷昊恩深厚，俾待泽之区不特丰稔，可期用纾民望，而南船输挽遄行所关于国计民生者亦甚大。予诚欣诚感，默伸叩谢于靡既者也。